浙江省社科联省级社会科学学术著作出版资金资助出版
（编号：2016CBB03）

浙江工业大学人文社科后期资助（编号：Z20160205）

当代浙江学术文库
DANGDAI ZHEJIANG XUESHU WENKU

现代汉语隐喻簇的认知探究
——接入语义学视角

刘 星 著

中国社会科学出版社

图书在版编目（CIP）数据

现代汉语隐喻簇的认知探究：接入语义学视角/刘星著. —北京：中国社会科学出版社，2023.9
（当代浙江学术文库）
ISBN 978-7-5227-2395-2

Ⅰ.①现⋯　Ⅱ.①刘⋯　Ⅲ.①现代汉语—隐喻—研究　Ⅳ.①H15

中国国家版本馆 CIP 数据核字（2023）第 143886 号

出 版 人	赵剑英
责任编辑	张　浩
责任校对	姜志菊
责任印制	李寡寡

出　　版	中国社会科学出版社
社　　址	北京鼓楼西大街甲 158 号
邮　　编	100720
网　　址	http://www.csspw.cn
发 行 部	010-84083685
门 市 部	010-84029450
经　　销	新华书店及其他书店
印　　刷	北京君升印刷有限公司
装　　订	廊坊市广阳区广增装订厂
版　　次	2023 年 9 月第 1 版
印　　次	2023 年 9 月第 1 次印刷
开　　本	710×1000　1/16
印　　张	16.25
插　　页	2
字　　数	209 千字
定　　价	98.00 元

凡购买中国社会科学出版社图书，如有质量问题请与本社营销中心联系调换
电话：010-84083683
版权所有　侵权必究

《当代浙江学术文库》编委会

主　任　　陈　荣　蒋承勇
副主任　　何一峰　邵　清　周鹤鸣
编　委　　(以姓氏笔画排序)
　　　　　王渊明　毛　丹　毛信德　田耀农
　　　　　史习民　朱李鸣　朱新力　杜　卫
　　　　　杨建华　杨树荫　吴　炫　汪水波
　　　　　张宗和　陈剩勇　林吕建　周谷平
　　　　　宣　勇　殷企平　凌　平　黄建钢
　　　　　龚缨晏　董建萍　程惠芳　潘捷军

编委会办公室

主　任　　何一峰
副主任　　俞晓光
成　员　　黄　获　周　全

总　序

浙江省社会科学界联合会党组书记　陈　荣

有人说，谁能将中国新时期三十多年的发展奇迹阐释清楚，谁就能荣获诺贝尔奖。改革开放以来，在中国特色社会主义理论的引领之下，浙江人民发扬与时俱进的"浙江精神"，在经济社会发展各方面创造了历史性辉煌，走出了一条富有时代特征、中国特色、浙江特点的发展道路，使浙江成为中国市场经济、县域经济都十分发达的省份。当前在省委省政府的领导下，浙江社会各界高举中国特色社会主义伟大旗帜，以邓小平理论和"三个代表"重要思想为指导，深入贯彻落实科学发展观，全面实施"八八战略"和"创业富民、创新强省"总战略，继续解放思想，深化改革开放，加快全面建设惠及全省人民的小康社会，为建设"物质富裕、精神富有"的现代化浙江而奋斗。浙江改革开放和经济社会发展的生动实践，是一个理论研究和理论创新的"富矿"，也是浙江人文社会科学研究的宝贵财富。

经济社会的发展，与特定地区的精神文化传统相关，因此，对引领浙江市场经济大潮的"浙江精神"的研究、对浙江传统历史人文的研究，也构成了一个古典与现代相结合的富有深刻内涵的研究领域。此外，浙江乃至中国的改革开放历程，也大大拓展了马克思主义的研究视野。因此，对马列理论进行现代阐释也是一项重要工作。另外，人文社会科学的研究最终是为时代所用，指导社会经济和生活实践，并提高国民的文化素质。因此，将当代社会科学研究的成果转化成可操作的政策建议，以及人民群众喜闻乐见的表述，既是学术研究工作的延续，也是时代赋予我们人文社会科学研究人员的一项历史使命。

正是在这样的理论背景与现实需求下，浙江省社会科学界联合会作为省委省政府联系人文社会科学工作者的桥梁纽带，作为全省人文社会科学领域的组织协调机构，围绕理论研究、社科普及、成果转化、机制建设、队伍建设五大重点工作，有针对性地进行了组织、协调、管理、推动工作。繁荣和发展人文社会科学，打造当代浙江学术品牌，突出重点，进一步创新工作机制，努力创建科学发展的新格局，推进社科事业新发展。我们积极培育和提升了浙江文化研究工程、学术年会、重点基地建设、策论研讨、浙江人文大讲堂、科普周等工作品牌，组织和动员了各教学科研单位与学术团体以及广大社会科学工作者，为浙江的经济社会发展和文化大省建设服务，为繁荣发展浙江的人文社会科学事业服务，为建设"物质富裕、精神富有"的现代化浙江服务。在各方面的共同努力下，浙江的人文社会科学研究继承和发扬了自古以来的优秀学术传统，呈现出成果较多、质量较好、气氛活跃、前景喜人的特点。

人文社会科学研究成果要获得社会承认，为社会所用，将学术成果出版是首要环节。但是，由于学术作品具有很强的外部性，往往存在出版难的问题。因此，资助我省学者的优秀学术著作出版，是浙江省社会科学界联合会的一项重要工作。自2000年以来，在省委省政府的支持下，我省设立了"浙江省省级社会科学学术著作出版资金"。截至2012年，已资助了524部学术著作出版，有效地缓解了学术著作出版难的问题。

为了集中展示当代浙江学者的学术研究成果，从2006年起，我们在获得资助的书稿中，由出版资助评审委员会遴选部分书稿，给予全额资助，以"当代浙江学术文丛"（《光明文库》）系列丛书的方式，分期分批出版。从2011年开始，我们将获得全额资助和部分资助的书稿，统一纳入《当代浙江学术文库》系列，并得到了中国社会科学出版社的全力支持。全额资助的《当代浙江学术文库》系列丛书编委会成员，由当年的出版资助评审委员会成员组成。

《当代浙江学术文库》的出版，是浙江省社会科学界联合会集中推出学术精品，集中展示学术成果的重要探索；其学术质量，有赖于我省学人的创造性研究。事实上，当代浙江的人文社科学者，既要深入研究、努力传承和弘扬学术思想的优秀传统，又要立足于浙江经济社会发展的生动实践，力创学术精品，力促学术创新和学术繁荣，自觉服务浙江的改革发展大局。我深信，《当代浙江学术文库》的出版，对于我们坚持学术标准，扶持学术精品，推进学术创新，打造当代浙江学术品牌，一定会产生积极的影响；对于我们研究、阐释改革开放三十多年来的发展奇迹，总结、探索科学发展的路径，深入贯彻落实科学发展观，着力推进建设"物质富裕、精神富有"的现代化浙江，一定会产生积极的作用。

2012年8月

目 录

第一章 绪论 …………………………………………（1）
  第一节 研究背景 ……………………………………（1）
  第二节 研究目标与内容 ……………………………（11）
  第三节 研究方法 ……………………………………（12）
  第四节 本书结构 ……………………………………（23）

第二章 隐喻簇的接入语义学视角 ………………（25）
  第一节 隐喻簇研究评述 ……………………………（25）
  第二节 接入语义学：一种新视角 …………………（48）

第三章 隐喻簇的界定 ……………………………（74）
  第一节 隐喻簇的识别 ………………………………（74）
  第二节 隐喻簇的属性 ………………………………（88）
  第三节 主要术语辨义 ………………………………（93）

第四章 隐喻簇的结构、功能与分类 ……………（105）
  第一节 隐喻簇的频率 ………………………………（105）
  第二节 隐喻簇的结构 ………………………………（108）

第三节　隐喻簇的认知功能 …………………………………（120）
第四节　隐喻簇的分类 ………………………………………（135）

第五章　簇的涌现：从后台到前台 …………………………（152）
第一节　簇的涌现 ……………………………………………（152）
第二节　前台认知与后台认知 ………………………………（153）
第三节　概念隐喻认知理据 …………………………………（157）
第四节　概念转喻认知理据 …………………………………（171）

第六章　意义的接入与组构 …………………………………（179）
第一节　接入与组构 …………………………………………（179）
第二节　域的接入：从词汇概念到认知模式 ………………（184）
第三节　选择 …………………………………………………（207）
第四节　融合 …………………………………………………（210）
第五节　簇的实现：个案分析 ………………………………（223）

第七章　结论与展望 …………………………………………（229）
第一节　研究结果 ……………………………………………（229）
第二节　创新点 ………………………………………………（233）
第三节　展望 …………………………………………………（235）

参考文献 ………………………………………………………（237）

第一章 绪论

第一节 研究背景

隐喻是一种泛在的认知机制,是人类心智最基本的特征之一(Lakoff, 1980, 1999; Langacker, 1987, 2008; Croft, 2004; Dirven, 2005; Forceville, 2009; Kovecses, 2010)。然而,语言隐喻,作为隐喻在自然语言中的表现形式,却呈现出不平衡分布(uneven distribution)的特点,即在某些时候完全缺席,在某些时候却又集中涌现,形成隐喻语言的"爆发"(burst)(Low, 1997; Corts & Pollio, 1999; Corts & Meyers, 2002; Cameron, 2003, 2013)。这种隐喻语言的爆发,又称为隐喻簇(Metaphor Cluster),即隐喻语言在邻近语篇中成簇共现的现象(Corts & Meyers, 2002; Koller, 2003; Kimmel, 2010; Elisabeth, 2010)。

语言隐喻的这种不平衡分布,使我们不得不思考:为什么以语言符号为载体的隐喻表征会成簇涌现在自然语言中?汉语自然语言中的隐喻语言到底有多少是以隐喻簇形式涌现的?它如何生成,又如何被理解?

2010年,奥地利学者迈克尔·基梅尔(Michael Kimmel)在

《语用学》期刊（*Journal of Pragmatics*）上发表了一篇关于隐喻簇的论文，在国际上引起一些学者的关注。基梅尔（2010）以《太阳报》和《卫报》2004年5月关于欧盟选举的675篇新闻报道为语料对隐喻簇现象进行了定量分析。

（1）There is a way of looking at the acrimonious failure of the **European summit** as a great triumph for Tony Blair. The rebate is preserved. The **last rites have been performed** over the European constitution. **A vicious bust-up** with Jacques Chirac excites approving headlinesabout the Prime Minister **bulldogging for Britain**. Tony Blair hasfinally **turned into Margaret Thatcher**. （Kimmel，2010：108）

（2）No doubt Labor and the Lib Dems would like to **see some wind in the UK Independence party's sails** to keep the Tories **on the defensive**；but **winds can be changeable**，so all three parties seem to have concluded that the European issue is **best kept in its box** until after polling day. （Kimmel，2010：108）

例（1）—例（2）中，密集涌现的粗体字部分为隐喻喻体。根据基梅尔（2010：98）提供的数据，上述两种报纸的语料中，分别有39%和62%的隐喻语言是以隐喻簇的形式呈现的。可见，隐喻簇是一种极为常见的隐喻语言现象，广泛存在于语言符号介导的（language-mediated）隐喻表征中，是语言介导的隐喻意义建构中的重要问题。

隐喻簇研究始于20世纪70年代中期。1975年，两位心理学家霍华德·波里奥（Howard R. Pollio）和杰克·巴罗（Jack M. Barlow）通过对临床心理治疗话语中的修辞性语言进行考察，发现在涉及病人问题设置和问题解决的关键时刻，往往出现以隐喻为主的修辞性语言的爆发（burst of figures）（Pillio & Barlow，1975：236-254）。启发之下，后来的学者逐渐将研究聚焦于隐喻，而非整个修辞性语言，但依然沿用了Pollio & Barlow这一诗意的称法，不仅称这一现象为隐喻簇，也称其为隐喻的爆发（burst of metaphors）。[①] 近四十年来，隐喻簇现象吸引了诸多来自语言学、心理学、社会学、人类学等不同学术背景学者的研究兴趣，不同学科的研究视角和方法被应用到对包括学术话语、宗教话语、婚姻访谈话语、医学话语、政治话语等多种题材和主题话语的隐喻簇相关研究中来，尽管研究方法和视角各有千秋，但都得出了一个共同的结论，那就是隐喻语言在各种文体和题材的自然语言中分布不平衡，而且绝大部分情况下都表现为隐喻簇的形式。比如，奎因（1991）在对以婚姻为主题的访谈中出现的语言隐喻进行定量分析时，发现说话者倾向于在没有共同认知基础的隐喻之间自如转换。科特斯（1999，2006）通过对大学讲座、课堂话语等语料的分析，指出在这些不同的语体中，具有共同认知基础、成簇共现的隐喻表达占隐喻语言总数的67%—95%。基梅尔更明确指出，隐喻簇"在语言使用中出现的频率如此之高，使得我们不得不充分地重视它"（Kimmel，2010：98）。

[①] Lynne Cameron, "Metaphor Clusters in Discourse", *Journal of Applied Linguistics*, 2004, pp. 107-136.

隐喻簇作为 Metaphor Cluster 这一术语的汉译名称，较早出现在法国著名哲学家保罗·利科的著作《活的隐喻》一书的汉译本（利科，2004）中。① 利科认为，"单一词性隐喻扼杀了隐喻的最初定义所包含的潜在意义"，并明确指出，"只有拒绝将隐喻局限于单词性比喻才能保持隐喻概念的完整性"（利科，2004：80-84）。然而，由于缺乏对自然语言的大规模考察和对隐喻簇现象的洞悉，以及从亚里士多德古典修辞学继承下来的从词语层面对隐喻进行研究的狭隘性（利科，2004：7），早期基于内省研究方法的认知语言学家常常以单一词性的自编（invented）隐喻语言作为研究语料，如：

（3）My job is a **jail**. （转引自 Glucksberg & Keysar, 1993：401-424）

（4）Joan Jackson is **under** thirty. （转引自 Goatly, 2000：91）

（5）It **upsets** me. （转引自 Halliday, 1994：117）

（6）You are **wasting** my time. （转引自 Lakoff & Johnson, 1980：7-8）

（7）This surgeon is a butcher. （转引自 Grady et al, 1999：103）

事实上，单一词性隐喻语言只占自然语言中隐喻表征的小部

---

① 魏纪东（2010）将 metaphor cluster 译作"隐喻丛"。介于汪堂家汉译本出版年份较早为 2004 年，且影响力较广，故本书取隐喻簇这一译法。

分，想要对语言隐喻真相进行深入探索，还必须还原隐喻语言在自然语言中的原貌。绝大多数情况下，隐喻喻体词项倾向于成簇共现在邻近语篇中，以隐喻簇的形式涌现。

（8）跑道上的这个男人，成熟，英俊，沉稳。2006年坐在莘庄体育馆跑道边和我聊天的那个大男孩，在眼前模糊了身影。

一千多个日夜，一次奥运会，一条受伤的跟腱，27岁的刘翔*在过山车上，从高峰到谷底，惊心动魄、起伏跌宕，个中滋味只有他自己细细咀嚼*。尽管他早已不在巅峰，但却并没有因此而变得小心翼翼。（《东方早报》2010年11月24日）

（9）记者：反而不被信任？

汪涵：我说"快女"就是"超女"的"非战斗性减员"。*打仗的时候，你的战友没有被打死，只是他的腿被打伤，然后让你背着他跑。我们现在就像那样的士兵——我们当年最好的战友——我们的赛制，我们的海选，我们的投票，都是我们最好的战友，现在它们都受伤了。但是我们必须要背着它们跑，所以狙击能力、作战能力、移动速度完全受到了牵制，所以这不是一场漂亮的战役。*

（《南方周末》2009年9月2日）

例（8）—例（9）中，着重号代表隐喻喻体词项，斜体字部分代表隐喻簇的涌现。如例（8）中的隐喻簇便是由"人生是游乐"和"人生是品尝食物"两个结构隐喻的喻体词项成簇共现在邻近语篇中形成的一个混杂隐喻簇。① 多个派生隐喻参与了"人生是游乐"这个结构隐喻的建构：惊心动魄的人生是坐过山车（游乐工具），人生中的不同阶段是高峰、谷底、巅峰（游乐中经过的地点）。而在这组主要结构映射中，又混杂着"人生是品尝食物"这个次要结构隐喻，其映射关系包括：生活中的感受是食物的滋味，体验人生是咀嚼食物。通过两个不同结构隐喻的派生喻体的共现，形成了一个由两个不具有共同认知基础的始源域"游乐"和"品尝食物"同时向一个共同的目标域"人生"进行跨域结构映射的混杂隐喻簇。

我们可以看到，无论是例（8）《东方早报》关于刘翔的报道，还是例（9）《南方周末》记者与主持人汪涵的访谈对话，在节选的语篇中，隐喻分布并不平衡，有些句子没有或只有一个隐喻喻体，而有些句子却涌现了密集的隐喻喻体。如例（9）从第三句开始密集涌现"过山车""高峰""谷底""起伏跌宕""滋味""咀嚼""巅峰"等喻体词项；例（9）从汪涵的话轮开始涌现了"非战斗性减员""士兵""战友""背""跑""狙击能力""作战能力""移动速度""牵制""战役"等一系列喻体词项，贯穿整个话轮始终。这种由两个或两个以上喻体词项成簇涌现在邻近语篇中所构成的隐喻语言集合单位就是西方语言学界所称作的"隐喻簇"或"隐喻的爆发"（Quinn, 1991; Shen and Balaban, 1999; Corts and Pollio, 1999; Koller, 2003; Corts,

---

① 根据 Kimmel (2010)，混杂隐喻（mixed metaphor）是隐喻簇的主要表现形式，指的是喻体来自不同始源域、喻体之间不具有共同认知基础的隐喻簇。本书第四章第四小节有关于混杂隐喻的详细定义、综述以及分类。本书第六章的二小节和三小节对混杂隐喻簇"混而不杂"的语义连贯机制进行了分析和探讨。

2006；Kimmel，2010）。

在考察古代汉语文本时，也可发现隐喻簇现象，如：

（10）喊一声，都拖男挈女，呼弟呼兄，一齐跑来，顺涧爬山，直至源流之处，乃是一股瀑布飞泉。但见那：

一派白虹起，千寻雪浪飞；海风吹不断，江月照还依。

冷气分青嶂，余流润翠微；潺湲名瀑布，真似挂帘帷。

（《西游记》吴承恩）

（11）玄德回视其人，身长八尺，*豹头环眼，燕颔虎须，声若巨雷，势如奔马*。玄德见他形貌异常，问其姓名。（《三国演义》罗贯中）

在上述例子中，斜体字部分为隐喻簇。例（10）中，隐喻喻体"白虹""雪浪""瀑布""挂帘帷"从第二句开始涌现。例（11）中，第一句中密集涌现的喻体词项"豹头环眼""燕颔虎须""声若巨雷""势如奔马"，贯穿第一句始终，并在第二句之前结束。

古诗词中的隐喻簇现象也颇丰富，如下例：

（12）①低眉信手续续弹，说尽心中无限事。

②轻拢慢捻抹复挑，初为《霓裳》后《六幺》。

③*大弦嘈嘈如急雨，小弦切切如私语*。

④*嘈嘈切切错杂弹，大珠小珠落玉盘*。

⑤*间关莺语花底滑，幽咽泉流冰下难*。

⑥*冰泉冷涩弦凝绝，凝绝不通声暂歇*。

⑦别有幽愁暗恨生，此时无声胜有声。

(节选自《琵琶行》白居易)

在例（12）中，斜体字部分为隐喻簇。从第③句开始，大量隐喻喻体在邻近语篇中密集涌现，贯穿第④、⑤、⑥句，直至⑦句开始之前停止，用波里奥和巴罗（1975）的"隐喻的爆发"来形容实不为过。可见，隐喻簇是自然语言中极为常见的语言现象。

目前，西方学者对于隐喻簇的研究主要集中于三个方面。一是自然语言中隐喻簇的识别方法，包括累计频次表（Cumulative Frequency Graph）（Pillio & Barlow, 1975; Cameron, 2003）、Dis-Vis 视觉分析图（Cameron & Stelma, 2004）、泊松分布（Poisson Distribution）（Corts & Pollio, 1999; Corts & Meyer, 2002; Corts, 2006）、语料库的定量分析（Kimmel, 2010）等统计学方法；二是对隐喻簇生成理据的探讨，提出了隐喻簇生成的社会认知理据（Koller, 2003）、文化认知理据（Quinn, 1991）和语篇认知理据（Corts, 1999; Corts & Meyers, 2002）；三是对隐喻簇功能的探讨，包括交际功能（Corts & Pollio, 1999; Cameron, 2003; Cameron & Stelma, 2004; Low et al, 2008）和语篇连贯功能（Quinn, 1991; Corts, 1999; Corts & Meyers, 2002; Kimmel, 2010）。国内，魏纪东（2009）也对国外隐喻簇研究做过简要介绍。

纵观现有的隐喻簇研究，均以英语为考察语料，隐喻簇在汉语中的存在频率及其语言特征并无实证考察。此外，现有的研究框架多为跨学科视角，即从社会学、人类学、心理学等角度探讨隐喻簇这一语言现象的社会文化生成理据，缺乏在认知语言学内部对隐喻簇生成的概念认知理据进行深入分析,对隐喻簇的意义建构机制的研究亦缺乏。这些都是本书围绕隐喻簇这一课题着重探讨的方面。

对于隐喻簇,现有的隐喻意义建构理论主要以莱考夫(George Lakoff)的概念隐喻理论和福柯尼耶(Fauconnier)的概念整合理论为主。然而,基梅尔(2010)以及缪勒(2003)等学者认为,概念隐喻理论更适用于解释隐喻的生成与选择,对跨隐喻系统的跨喻映射(如混杂隐喻簇的意义建构)解释力则较弱。而概念整合理论作为一种后台认知(backstage cognition)[①]理论,虽然其多重心理空间具有较强的理论操作性,能对混杂隐喻簇意义建构中的后台语义组构机制进行分析,但对于前台语言系统在隐喻簇理解过程中的前台语义组构机制没有做探讨,故亦不能满足本书的需求。本书不仅要探讨隐喻簇生成及其意义建构的后台认知机制,同时,隐喻簇作为一种经由语言符号表征而实现的语言现象,本书还致力于解释在其理解过程中发挥不可忽视作用的前台语言加工机制。

笔者选取接入语义学作为理论框架,最关键的原因在于接入语义学本身所具备的理论优势。现有的认知语言学研究主要关注语言现象背后的概念认知理据,福柯尼耶将其称作"后台认知"机制。[②] 维维安·埃文斯(Vyvyan Evans,2006,2009,2013)明确指出,语言符号为载体的意义研究只关注概念系统中的后台认

[①] Fauconnier, *Cognitive Linguistics*, *Foundations*, *Scope*, *and Methodology*, Walter de Gruyter, 1999, p. 96.

[②] Fauconnier, *Cognitive Linguistics*, *Foundations*, *Scope*, *and Methodology*, Walter de Gruyter, 1999, p. 96.

知机制是不够的，极大地忽略了作为"前台认知"（frontstage cognition）的语言系统本身的复杂性及其在意义建构中的重要作用，一个完整的意义理论必须系统描述从前台语言系统到后台概念系统的完整的意义建构过程。① 接入语义学提出了以"接入"为其核心特征的"接入式"意义观，不仅对隐喻意义的灵活性，尤其是混杂隐喻簇"混而不杂"的语义特性提供了很好的解释路径，更为隐喻簇的研究提供了一个既充分关注前台语言符号系统的加工机制，又关注后台概念系统认知机制的意义建构理论框架。同时，它的研究范畴涵盖认知语言学的两大板块——认知语法和认知语义学。此外，它提出了明确的三大语义组构机制——选择（selection）、整合（integration）与诠释（interpretation），以及流程清晰的意义建构过程，具备较强的理论操作性。

接入语义学（Evans，2013，2015）是在认知科学跨学科研究中形成的一门新兴的认知语言学理论。该理论以 LCCM 理论（词汇概念与认知模式理论，Lexical Concept and Cognitive Model Theory，简称 LCCM 理论）为其代表性理论，提出了一个创新性的意义表征与建构框架。立足于体验式心智，重视语言系统在意义建构中的作用，为了完整而清晰地刻画语言与心智在意义建构整个过程中的互动，LCCM 理论区分了前台认知（语言系统）和后台认知（概念系统），不仅阐述了前台语言系统如何向后台概念系统提供接入并实现语义表征，而且充分描述了前台语言系统

---

① Evans, V., *How Words Mean: Lexical concepts, cognitive models and meaning construction*, Oxford University Press, 2009, pp. 53–55.

自身在意义建构中的语义组构机制，以及从前台词汇概念的选择和整合到后台认知模式（cognitive model）的匹配（matching）和激活，从而使语言系统中的概念单位（conceptual units）获得概念系统丰富生动的信息刻画（informational characterization），并最终获得情境话语意义（situated meaning of utterance）的完整的意义接入和建构过程。

第二节 研究目标与内容

本书的研究目标与内容如下：

第一，从现象层面对隐喻簇进行界定和描述。主要研究方法和内容包括：以语料库的定量和定性分析为依据，在对现有的隐喻簇研究进行梳理的基础之上，探讨隐喻簇的识别标准，对隐喻簇和混杂隐喻簇在语料中的频率进行定量考察，对隐喻簇的语义结构、语篇结构、认知功能和分类框架进行探讨，对隐喻簇和转喻语言的互动频率和模式进行探讨。

第二，对隐喻簇的生成理据进行探讨。主要研究方法和内容包括：以语料库的定量和定性分析为依据，以接入语义学为理论框架，从后台认知的视角，对隐喻簇涌现的后台概念隐喻和概念转喻认知理据进行考察。

第三，对隐喻簇的理解过程进行探讨。主要研究方法和内容包括：以接入语义学为理论框架，对隐喻簇中始源域和目标域的接入进行探讨，对混杂隐喻簇"混而不杂"的语义连贯机制进行阐释，并基于意义的接入路线和三大语义组构机制，对隐喻簇意义实现的过程进行建构。

第三节 研究方法

　　隐喻簇现象是在基于使用的研究范式下,通过实证而非内省的方法在对自然语言进行考察的过程中走入认知语言学视野的。20世纪90年代,认知语言学经历了研究方法上的深刻变革,从传统主流的内省方法转向实证的方法。概念隐喻研究也从将相关假设和理论主要基于自编的(invented)语言案例,转向以语言的使用为语料,强调语言使用对语言结构和变迁产生着不可抗拒的影响(Hopper & Thompson, 1980; Bybee, 1995; Sinclair, 1991; Barlow & Kemmer, 2000; Jurafsky, 2000)。兰盖克(Langacker, R.)将这种以语言的使用为语料、关注语言使用的研究范式统称为"基于使用的模型"(Langacker, 1987, 1999)。基于使用(usage-based approach)作为一种研究方法被广泛运用于语言研究中,旨在发现通过内省不易察觉的语言现象和规律(Croft, 2001; Tomasello, 2003; Bybee, 2006; Stefanowistch, 2007; 严辰松, 2010)。本书亦将遵循"基于使用"的研究范式,通过对语料库的定量和定性分析展开研究。

一　语料的选择

　　隐喻簇广泛存在于书面语言和口头语言的各种话语语境中(Cameron, 2004: 108)。现有的研究多以口头语言为语料,通过视觉化方法或波松比统计学方法来考察单个话语语篇中隐喻簇存在的频率和特征。然而,对单个语篇中的隐喻簇进行统计分析,会由于语料的不充分、题材的单一、话题的单一、语境的单一、交际意图的单一、个人话语风格和喜好的单一等多方面的局限导致研究结果的不全面，甚至研究结果之间的矛盾。比如，奎因（1991）以婚姻主题的访谈话语为语料进行统计分析时，发现说话者生成的大部分隐喻簇都属于混杂隐喻簇，即喻体并不都来自相同的始源域；而科特斯（1999，2006）以大学讲座和课堂话语等学术性话语作为语料进行分析时却发现，说话者所生成的语言隐喻中分别有67%和95%为喻体来自相同始源域、成簇共现的隐喻表达，即非混杂隐喻簇（non-mixed metaphor cluster），或称单纯隐喻簇（pure metaphor cluster）。而基梅尔（2010）通过对政治话题的新闻报道为语料进行考察时，也发现文体风格对研究结果影响较大（Kimmel, 2010: 106）。基梅尔（2010）分别选取《太阳报》和《卫报》中关于欧盟的新闻报道为语料，发现在这两种语言风格迥异的报纸中，隐喻簇分别占语言隐喻总数的39%和62%，差异显著。

由此可见，建立一个题材丰富、话题多样、文体和风格多变的平衡语料库来尽可能避免研究的偏差，从而获得更客观、更有说服力的研究数据，势在必行。同时，考虑到针对隐喻簇现象的汉语语料库研究尚属空白，且现有研究多以口头语言为语料，对书面语言的研究相对较少，笔者决定以《读者》杂志2012年全年（共24期）的文章正文建成合计198万余字的语料库展开对现代汉语隐喻簇现象的深入研究。

以《读者》作为语料来源，主要是因为，相对而言，它文体多样，题材广泛，语言规范。《读者》期刊所摘选文章之文体包括记叙文、议论文、诗歌、散文、书信、笑话、小说等，题材涉及文化、社会、历史、政治、经济、教育、科学、艺术、心理、婚姻家庭、名人轶事等。其选摘之文章或出自名家，或经过认真挑选，语言相对比较规范。文体和题材的多样性有利于统计结果的客观。规范的语言有利于获得更有指导意义的隐喻簇的语言特征。

本书以包含目标域为"人生"的语言隐喻的语言单位中的隐喻簇现象作为个案进行研究，在下文中简称"人生"隐喻和"人生"隐喻簇。选择"人生隐喻"作为研究案例的主要原因有二。

首先，"人生"是《读者》期刊探讨的一个重要话题，每期均设有由十余篇以"人生"为主题的文章构成的"人生"专栏。此外，其"人物"、"社会"、"生活"等专栏均与"人生"关联紧密。

其次，以特定目标域的隐喻作为案例将相关隐喻语料聚合在一起展开研究是隐喻簇研究中的常见方法。如奎因（1991）便是以对婚姻主题话语中的"婚姻隐喻"为案例进行研究，科勒（2003）通过商业纸媒中营销主题话语和兼并主题话语中的"商业隐喻"作为案例研究商业隐喻簇形成的概念模型，进而探讨其社会认知内涵。这里的"婚姻隐喻"和"商业隐喻"都和本书定义的一样，是目标域为"婚姻"和"商业"的隐喻的简称。通过设定特定目标域的隐喻为研究案例，有利于研究者在语料分析过程中不仅考察隐喻簇外在的形式规律，同时也发掘隐喻簇形成的内在概念认知理据。

二 编码步骤

由于人生隐喻簇所涉及的始源域十分广泛、喻体词汇众多，其表征形式相当灵活，言内和言外语境的依赖十分强，同时又由于本书中对"人生"隐喻语言的机器识别尚无可靠之前期资料可参考，本书的语料库研究分为两个阶段展开。

第一阶段为实验性阶段，选取《读者》2012年第20、21、22、23期的256篇文章，合计315710字作为第一期语料库研究语料，对隐喻簇现象进行探索性研究。

为了充分、客观地了解"人生"隐喻的隐喻生成能力及其始源域的概念分布网络，本书排除了在第一阶段通过WordSmith或ATLAS等软件以喻体词项或本体词项为关键字搜索隐喻语料的做法。同时，由于隐喻在语言中的表现形式十分灵活，语境依赖性极强，加之缺少对"人生"隐喻的语言表达形式的前期可鉴研究，若通过软件以特定喻体词汇为关键字搜索语料库，亦缺少具备实证理据的关键字可参考。基于以上评估，本阶段采取由编码人逐字通篇阅读语料，依据语境信息对语料中的隐喻进行人工编码的方法，对所有以"人生"为目标域的隐喻簇进行编码标注，历时三月余。

这一阶段的研究目的主要有二：一是初步了解隐喻簇在汉语语言符号表征中的存在频率及其语言特征；二是由于涉及人生隐喻的始源域十分广泛、喻体词汇众多，笔者要依托第一阶段的初步研究找出人生隐喻簇的主要喻体词汇，以研究其概念映射网络，作为探讨其概念认知理据的语料依据。

对第一期语料库的初步考察发现，以"人生"为目标域的隐喻语言中，虽然语料中的"人生"隐喻主要由始源域的喻体词汇构建，但目标域关键字"人生"在隐喻簇中出现的频率高于语料库中任何其他喻体词项关键字。表1-1给出了第一期语料库的基本信息。数据显示，"人生"作为关键字在语料库中出现了117次，其中45次是隐喻用法。尽管语料中由来自始源域的喻体单独构建的"人生"隐喻簇多达 90 条①，是前者的两倍，占总数的 66%，但参与构建这些隐喻簇的喻体词项却多达 158 个。

表 1-1　　　　第一期语料库研究的基本情况

编码的文章数	总字数	"人生"隐喻语料字数	"人生"隐喻语料中隐喻语言单位总数	"人生"隐喻语料中的隐喻簇总数	"人生"隐喻语料中的喻体词项总数	"人生"作为关键字出现的次数	"人生"作为关键字出现在隐喻簇中的次数
256	315710	7898	155	136	613	117	45

表 1-2 的统计数据展示了第一期语料库中隐喻率②排在前 30 位的喻体和本体词汇。数据表明，在诸多提取隐喻簇语料的可选关键字中，本体词汇"人生"是隐喻用法次数最多的。隐喻用法次数排在第二位的是喻体词汇"路"，然而，由于其隐喻率较低，仅为 14.5%，本书排除了以其作为关键字。因为隐喻率越低意味着语料编码中的手工识别成本和时间成本越高。

表 1-2　　　第一期语料库喻体、本体词项的隐喻率统计

本体词项	喻体词项	语料库次数	人生隐喻次数	隐喻率（%）
人生		117	45	38.5
	看遍	1	1	100
	原点	1	1	100
	起点	1	1	100
	力争上游	2	2	100
	漂泊	6	6	100

---

① 关于何为一个"隐喻簇"，本书第一章第四小节介绍了明确的隐喻簇编码标准，本章四小节的第 5 点也通过例（12）简单介绍了隐喻簇的识别标准，第三章的二和三小节则详细阐述了隐喻簇的定义和划分标准。

② 隐喻率指的是该词汇在语料库中的隐喻用法次数与其在语料库中出现的总次数之比。是本书选择关键字时的重要参考数据。

续表

本体词项	喻体词项	语料库次数	人生隐喻次数	隐喻率（%）
	停靠	1	1	100
	生涯	10	10	100
	一帆风顺	2	2	100
	坎	11	8	72.7
	人生中	6	4	66.7
	流离	3	2	66.7
	错过	6	4	66.7
	难关	3	2	66.7
	回望	3	2	66.7
	回首	5	3	60
	终点	6	3	50
	崎岖	2	1	50
	上路	2	1	50
	历程	4	2	50
	奔跑	6	2	33.3
	道路	30	9	30
	出发	9	2	22.2
	充满	40	7	17.5
	方向	23	4	17.4
	旅途	6	1	16.7
	路上	57	9	15.8
	路	269	39	14.5
	一段	37	4	10.8
	眼前	27	2	7.4

基于此，第二阶段，笔者选取本体词汇"人生"作为关键字，以《读者》杂志2012年全年（共24期）的文章正文合计198万余字为第二期语料库，在上下十行范围内搜索"人生"隐喻语言，选取隐喻喻体密度较大的隐喻簇，锁定其原文通篇搜索"人生"隐喻语言，并从中人工识别隐喻簇。

编码步骤如下：

①对语料中的"人生"隐喻进行人工识别和标注；

②将含有"人生"隐喻的语言转写为电子文档，建立子语料库，对喻体词项进行标注，对喻体的始源域和目标域进行标注，方便进一步分析；

③统计隐喻喻体词项的个数，并标注；

④对隐喻语料是否是隐喻簇进行判断，并标注；

⑤对隐喻语料是否是混杂隐喻簇进行判断，并标注；

⑥对隐喻语料中的转喻喻体进行判断，并标注。

表 1-3　　　　　第二期语料库研究的基本情况①

编码的文章数	总字数	"人生"隐喻语料字数	"人生"隐喻语料中隐喻语言单位总数	"人生"隐喻语料中的隐喻簇总数
1536	1984581	22868	327	274

三　编码标准

依据语料特点和研究目标，本书的语料编码标准如下：

第一，隐喻的识别标准参照莱考夫（1980：36）的概念隐喻理论（Conceptual Metaphor Theory），考察相关语言表达是否通过其所表征的始源域来理解语境中的目标域，始源域与目标域是否是两个不同但具有相似性的概念域，两者均是，则为隐喻。

第二，转喻的识别标准参照安冬尼奥·巴塞罗那（Antonio

---

① 由于编码工作量极大，限于时间和精力，本博士研究课题对第一期语料库进行了详尽的编码，但对第二期语料库仅进行了隐喻簇的识别。因此，第二期语料库仅用于对隐喻簇在隐喻语言中的存在频率的统计。本书中的其他定量分析（如隐喻与转喻的互动，隐喻喻体词项个数的统计，概念网络分布的统计等）统计数据均基于第一期语料库。

Barcelona）（2000：4）和潘瑟（Panther）和桑伯格（Thornberg）（2004：56）的概念转喻理论，考察：相关语言表达是否通过其所表征的来源义接入了目标义，来源义与目标义是否在一个共同的经验域（common experiential domain）中相关联，两者均是，则为转喻。

第三，隐喻喻体词项的界定，借鉴普拉格勒杰茨团队（Pragglejaz Group）（2007）提出的 MIP 隐喻识别程序的相关方法，遵循可分解原则（decomposability），即"如果多词单位在语义上可分解，那么我们就将各组成词分别视为词汇单位；否则，我们将多词项看作单独的词汇单位"（唐孝威 2012：26）。

第四，隐喻簇的判断参考基梅尔（2010：97）的标准[①]：邻近语篇；隐喻喻体或本体词项数量为两个或两个以上；每个句子均包含隐喻喻体词项。

第五，混杂隐喻簇的判断参考基梅尔（2010：98）的标准：邻近语篇；隐喻喻体或本体词项数量为两个或两个以上；每个句子均包含隐喻喻体词项，且包含来自不同始源域的喻体词项。

第六，转喻簇的判断参考（基梅匀，2010：97）的标准规定如下：邻近语篇；转喻喻体词项数量为两个或两个以上；每个句子均包含转喻喻体词项。

四 编码示例

以例（13）为例，编码过程详解如下：

[①] 本研究参考基梅尔（2010：97）的隐喻簇识别标准，并在其基础之上进行了修订，详见本书第三章关于隐喻簇识别标准的探讨。

（13）跳出了原来的桎梏，回首前尘，才发现过去叠床架屋的繁琐行政和惊涛骇浪的人事倾轧，对于精神而言都是一种无形的折磨。（《读者》2012 年第 23 期）

1. 隐喻的识别与标注

编码者通过对语料的通篇阅读，在对例（13）进行隐喻和转喻扫描时，依据莱考夫（1980：36）的概念隐喻定义，逐一识别出了 9 个隐喻喻体，分别是"跳出""桎梏""回首""前尘""过去""叠床架屋""惊涛骇浪""倾轧""折磨"。

词项"跳出""桎梏""回首""前尘""过去"通过其所表征的始源域"旅行"理解其目标域"人生"，始源域"旅行"与目标域"人生"具备一系列跨域隐喻映射能力，具有认知域之间的结构相似性，满足概念隐喻的上述两条识别标准，故判断为隐喻喻体。

词项"叠床架屋"通过其所表征的建筑始源域"床上架床屋下架屋"来理解目标域"重复的行政"，始源域与目标域具有"繁琐累赘"的相似性，满足识别标准，故判断上述词项为隐喻喻体。

词项"惊涛骇浪"通过其所表征的"汹涌的波浪"始源域理解"不和谐的人事"目标域，始源域与目标域具有"境遇凶险"的相似性，满足识别标准，故标注为隐喻喻体。

词项"倾轧"通过其所表征的物理始源域"挤压"理解目标域"不和谐的人事"，始源域与目标域具有"一方向另一方施加破坏"的图式（schematic）相似性，满足识别标准，属于实体隐喻，故标注为隐喻喻体。

词项"折磨"通过其所表征的"实体"始源域理解抽象的目标域"精神",两者具有"一方向另一方施加负面作用"的图式相似性,满足识别标准,属于实体隐喻,故标注为隐喻喻体。

2. 转喻的识别与标注

依据巴塞罗那(2000:4)的概念转喻定义,识别出转喻喻体三个,分别是"回首"、"前尘"、"折磨"。

词项"回首"通过其所表征的始源域"回头"心理接入了目标域"看",始源域"回头"与目标域"看"在共同的经验域中相关联,具有因果关联关系,即因为"回头"才能"看见身后",并基于此因果关系通过"回头"这一动作实际指代"看"这一动作,满足转喻识别的两条标准,故标注为转喻喻体。

词项"前尘"通过其所表征的始源域"前面走过的路上的尘土"心理接入了目标域"前面走过的路",始源域"前面走过的路上的尘土"与目标域"前面走过的路"在共同经验域中相关联,具有整体与部分的关联关系,即尘土属于路的一部分,并基于此整体部分关系通过"前尘"实际指代了"前面走过的路",满足转喻识别标准,故标注为转喻喻体。

词项"折磨"通过其所表征的物理始源域"折磨"心理接入了知觉目标域"痛",始源域"折磨"与目标域"痛"在共同的经验域中相关联,具有因果关系,即因为"折磨"这一力学动作导致生理的"痛觉",并基于此因果关系通过"折磨"实际指代"痛",满足转喻识别的标准,故标注为转喻喻体。

3. 基于转喻的隐喻

词项"回首""前尘""折磨"基于转喻接入了相关目标域"回看""前面走过的路""生理上的痛苦",并以此转喻理解为基础，转而以"回看""前面走过的路"这两个"旅行"始源域中的隐喻喻体理解"人生"目标域中的隐喻本体"回想"、"经历"，以"生理上的痛觉"这一具体的始源域理解"精神上的痛苦"这一抽象目标域。词项"回首""前尘""折磨"均通过域内转喻映射才实现跨域隐喻映射，故标注为基于转喻的隐喻。

4. 喻体词项的界定

依据普拉格勒杰茨团队（2007）提出的 MIP 隐喻识别程序的相关方法，遵循可分解原则（decomposability），例（13）中的多词单位共有三个，分别是"叠床架屋""惊涛骇浪"和"回首前尘"。其中，多词单位"叠床架屋"属于汉语成语，出自北齐颜之推《颜氏家训·序致》的"魏晋已来，所著诸子，理重事复，递相模斅，犹屋下架屋，床上施床耳"，后用来比喻重复累赘之事，具有约定俗成的隐喻用法，故不可分解，计作单个隐喻词项；多词单位"惊涛骇浪"亦属于汉语成语，出自唐朝文人田颖《玉山堂文集·海云楼记》的"人当既静之时，每思及前经所履之惊涛骇浪，未尝不惕然"，后用来比喻险恶的环境或尖锐激烈的斗争，具有约定俗成的隐喻用法，计作单个隐喻词项；多词单位"回首前尘"中的"回首"和"前尘"不仅分别独立成词，且在语境下具有各自的隐喻本体"回想"和"经历"，故分解为两个隐喻词项。其他隐喻词汇"跳出"、"桎梏"、"过去"、"倾轧"、"折磨"均是最小单位的隐喻载体，不作进一步分解。据此，例（13）共包含"跳出""桎梏""过去""倾轧""折磨""回首""前尘""叠床架屋"和"惊涛骇浪"9个隐喻喻体词项。

5. 隐喻簇的识别

例（13）共包含隐喻喻体词项9个，9个隐喻喻体在彼此相邻的分句中共现，该例句中每个句子都包含隐喻喻体词项，故例（13）满足隐喻簇的识别标准，标注为隐喻簇。

6. 混杂隐喻簇的判断

参照基梅尔（2010：98）的标准。首先，该例句共包含喻体词项9个。其次，这些隐喻喻体分散于同一个句子中，属于邻近语篇。最后，9个喻体词项中"跳出""回首""前尘"属于"人生是旅行"隐喻，其始源域为"旅行"，而其他喻体词项如"叠床架屋""惊涛骇浪""倾轧""折磨"等则来自完全不同的始源域。满足混杂隐喻簇判断的三条标准，故该隐喻簇标注为混杂隐喻簇。

7. 转喻簇的判断

首先，依照步骤2的分析，例（13）共有"回首""前尘""折磨"3个转喻喻体；其次，3个转喻喻体分布在同一个句子内，属于邻近语篇。满足转喻簇的判断标准，故将例（13）标注为转喻簇。

第四节　本书结构

本书共七章。

第一章为绪论，概述本书的研究对象、研究背景、研究目标和内容，并对本书的语料库研究方法做了详细的介绍。

第二章分为两部分。第一部分对隐喻簇的研究历史和现状进行梳理和反思；第二部分对本书所采用的接入语义学理论框架进行了概述，系统介绍了其兴起与发展、跨学科理论基础、理论框架、理论特色，以及笔者对接入语义学理论的修缮与发展。

第三章和第四章从语言结构层面对现代汉语中的隐喻簇现象进行阐述，包括隐喻簇的识别标准、主要术语辨义、存在频率、语义结构、语篇结构、认知功能和分类框架。在分类框架中，着重探讨了长久以来备受学界争议的"混杂隐喻簇"现象，指出了混杂隐喻的普遍存在性，并对其句法结构和语义结构进行了初步考察。

第五章和第六章从概念结构层面在接入语义学的理论框架之下分别探讨隐喻簇这一前台语言现象涌现的后台认知理据、隐喻簇中目标域的接入路线和隐喻簇的意义组构机制，并对混杂隐喻簇"混而不杂"的语义连贯机制进行了诠释。

第七章为结论与展望。

第二章　隐喻簇的接入语义学视角

　　现有隐喻簇研究主要运用统计学方法对自然语言中隐喻簇的频率和分布进行定量分析，对隐喻簇的生成理据和交际功能进行阐释，缺少一个统一连贯的认知语言学理论框架来对隐喻簇的生成和理解进行全面的分析。本书以接入语义学为理论框架，尝试对隐喻簇形成的认知理据及其意义建构过程进行阐释。接入语义学从意义的接入机制出发，阐述了前台语言系统的复杂性，兼顾前台语言系统与后台概念系统在意义建构过程中的互动，为隐喻簇作为一种语言现象提供了较为完整的理论研究框架和新颖的研究视角。

　　本章主要分为两个部分。第一部分对隐喻簇的研究历史和现状进行综述；第二部分对本书采用的接入语义学视角进行介绍，包括其兴起与发展、理论基础、理论框架、理论特色，以及笔者对该理论框架的修缮。

第一节　隐喻簇研究评述

一　隐喻簇研究的兴起

　　隐喻簇研究源于语言哲学和心理学领域。1975 年，法国著名语言哲学家保罗·利科出版了其法文著作《活的隐喻》(La Métaphore Vive)。在这本著作中，利科专辟章节从哲学层面分析论证了自然语言中隐喻簇存在的合理性，并指出，"只有当我们拒绝将隐喻限制于单词性比喻时，我们才能保持这一广阔类比领域的完整性"①。保罗·利科是享誉世界的法国当代哲学大师，20世纪70年代中期，在赴美国芝加哥大学哲学系讲学时成为马克·约翰逊（Mark Johnson）的导师。约翰逊也追随利科选择了隐喻作为其博士论文的研究课题，并在随后的1980年与莱考夫合著并出版了认知语言学的代表作《我们赖以生存的隐喻》，成为当代认知语言学、认知隐喻学的主要奠基人之一。

同样，也是在1975年，心理学家波里奥和巴罗发表了其针对心理治疗话语中修辞性语言进行考察的结果，指出在涉及病人问题设置和问题解决的关键时刻，往往出现以隐喻为主的修辞性语言的爆发（burst of figures）(Pillio & Barlow, 1975：236－254)，后来的学者沿用了波里奥和巴罗的这一诗意的称法，不仅称这一现象为隐喻簇，也称其为隐喻的爆发。②

近四十年来，隐喻簇现象吸引了诸多来自语言学、心理学、认知社会学、文化人类学等不同学科的学者的研究兴趣，不同学科的研究视角和方法被应用到隐喻簇的相关研究中来，相关研究成果陆续出版或见诸于期刊，并在2010年以来呈上升趋势。学者们以英语为媒介语言，对教育话语、大学讲座、婚姻主题访谈、医患话语、商业媒体话语和新闻报道等不同题材和主题的话语中

---

① 参见汪堂家的中译本，上海译文出版社2004年版，第80—84页。
② Cameron, L. and Stelma, J., "Metaphor Clusters in Discourse", *Journal of Applied Linguistics*, Equinox Publishing, 2004, pp. 107－136.

的隐喻簇现象进行了研究，主要代表人物有林恩·卡梅伦、丹尼尔·科特斯、韦罗尼卡·科勒、娜奥米·奎因、沈和巴巴拉、麦尔克·基梅尔等。国内学者魏纪东（2009）也对隐喻簇现象的国外研究现状做过概述。下面以主要学者及其所采用的研究视角为脉络对现有的隐喻簇研究做详细梳理和思考。

二　话语分析的视角

（一）主要研究成果

语言学家林恩·卡梅伦（Lynne Cameron）是隐喻簇研究的代表人物之一，他采用话语分析的方法对隐喻簇进行了考察，从21世纪初开始发表了一系列关于隐喻簇的论文、著作和著作章节，主要包括《教育话语中的隐喻》（*Metaphor in Educational Discourse*）、《话语中的隐喻簇》（*Metaphor clusters in discourse*）、《口语话语中的隐喻》（*Metaphor in Spoken discourse*）。在其2003年出版的著作《教育话语中的隐喻》（*Metaphor in Educational Discourse*）中，卡梅伦考察了教学场景中教师和学生互动话语中的隐喻语言，指出，语言隐喻对于学生深入理解复杂的数学和科学概念起到了重要作用，教师不仅使用隐喻来解释自己的观点，而且用隐喻来管理课堂活动、调节学生的学习状态。他通过对课堂话语语料库的观察，发现当教师布置课堂作业的时候、对课堂活动进行总结或收尾的时候、对学生的学习活动进行管理和控制的时候，话语中倾向于出现隐喻簇，即语言隐喻在邻近语篇中相对密集的共现。

卡梅伦通过累计频次表（Cumulative Frequency Graph）的方法对课堂话语过程中隐喻簇的生成情况进行了研究和刻画，如图2-1所示：

```
                    Cumulative Frequency Graph
        120
        100
Metaphor 80
  Count  60
        40
        20
         0
         0    50    100   150   200   250   300
                      10-word units
```

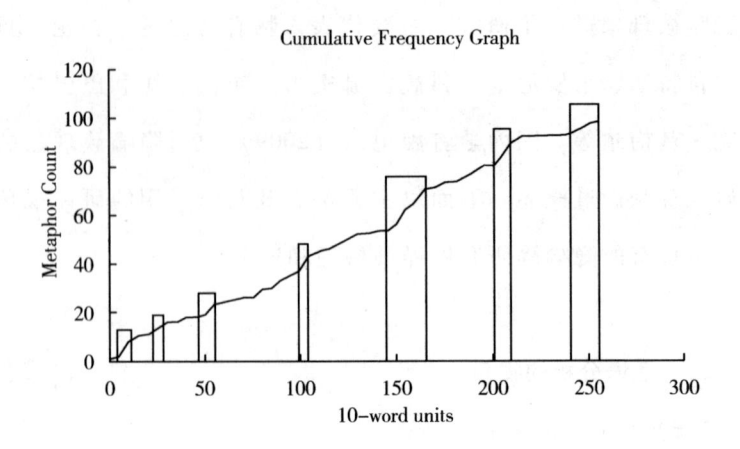

图 2-1　课堂话语的隐喻簇累计频次表（转引自 Cameron，2003：123）

在图 2-1 中，横轴通过所转写话语的累计字数来代表时间的演进，纵轴通过隐喻的累计数量来代表时间的演进，纵轴上某点与横轴上某点的交汇代表会话演进到该字数或该时间点时累计出现的隐喻数量。当特定语言单位没有出现隐喻时，图表沿横轴的平行线水平推进，当图表中出现突然攀升的曲线，则表示该时间段内隐喻簇的出现，图 2-1 中以长方形截取的 7 段曲线区间代表着 7 个隐喻簇的出现。事实上，累计频次表的分析方法是早在 1975 年由波里奥和巴罗针对心理治疗话语进行研究时提出的。卡梅伦（2003）沿用这一方法较为直观地对其语料中的隐喻簇进行了识别。

2004 年，卡梅伦和斯特尔马在《应用语言学》期刊上发表了一篇专门研究隐喻簇的论文《话语中的隐喻簇》（*Metaphor Clusters in Discourse*）。这篇论文采用作为战争罪犯的前爱尔兰共和军队成员与他所埋放炸弹的受害者家属之间全长 160 分钟的调解性话语为语料，采用语调单位（intonation unit）为隐喻簇考察单位，通过创新性地使用 DisVis 软件生成视觉统计图,来识别和探索单个话语语篇中的隐喻簇。该软件可以识别研究者在语料中编码标注的任何下标成分,并自动生成视觉展示图,对隐喻在话语中的演进过程进行考察。在 DisVis 视觉统计图中,纵轴从上至下代表语调单位和时间的演进,话语随着话轮和话题的转换,左右曲线演进,并以最左边的菱形标记代表在该区间内出现的隐喻喻体。菱形密集的区域,标志着隐喻簇的涌现。在变量过于密集的区间,该软件还可以对选定区间进行放大展示。此外,研究者还可以对语料中具有研究价值的变量进行下标和赋值,譬如喻体所属的始源域、说话者、话题、话题的改变等,并在电脑屏幕上对这些不同信息以不同颜色分别标识。这样一来,研究者可以更深入地探讨隐喻簇的内外部语义结构及其动态性（Cameron & Stelma 2004：122）。

卡梅伦基于这一方法对调解话语进行研究的结果表明,隐喻簇占整个调解话语中隐喻语言的 42%,占整个话语的 30%（Cameron & Stelma, 2004：107）。话语中隐喻簇的出现通常伴随着与核心交际意图密切相关的言语交际行为（Cameron & Stelma, 2004：107）,包括说话者向另一方解释自己的观点,说话者挪用另一方使用过的隐喻,或说话者采用隐喻的方式再次尝试描述曾经被另一方拒绝过的负面场景。如例（1）：

例（1）"治愈"隐喻的挪用

P: how do you put it, er,

　…（2.0）maybe that's part of healing too,

　.. my healing

J: your healing.

.. [yeah]

P: [yeah]

… (1.0) you know,

er,

… (2.0) it's -

something I have to go through

J: … hmh

P: .. if I'm going to sort of

er,

… (1.0) really retain my humanity

（转引自 Cameron & Stelma, 2004: 133）

在这例（1）中，埋放炸弹的军人 P 通过挪用炸弹受害者家人 J 的"治疗"隐喻而生成隐喻簇。在前文中，J 用"治疗"始源域来映射"从悲伤中恢复"这一目标域，凸显了失去亲人对自己的打击，表达了"悲痛的抚平就像伤口的愈合一样需要时间慢慢恢复"这一隐喻意义。在这段节选的话语中，P 挪用了 healing 一词，以及"治疗"这一隐喻始源域，却巧妙地用来映射"接受埋放炸弹所带来的后果"这一目标域，向受害者凸显了伤亡事故对自己的打击，表达了"接受自己的错误、平复内心的愧疚就像伤口的愈合一样需要时间慢慢恢复"这一隐喻意义。

在调解话语中，肇事方向受害方阐述自己的愧疚和悲伤是非常重要的交际意图，决定着调解是否能顺利达成。通过借用对方的话语来含蓄地表达自己观点，通过情绪上的带入和共通，更能获得对方的感同身受和谅解。卡梅伦指出，通过对语料的观察证实，在与整个话语的交际意图密切相关的重要交际时刻往往伴随隐喻簇的涌现（Cameron & Stelma，2004：135）。

（二）主要不足

如上节所述，卡梅伦（2003，2004）对于隐喻簇研究的主要贡献在于对隐喻簇识别方法上的大胆尝试。然而，其方法表面上一目了然，却存在重要缺陷。

在卡梅伦（2003）累计频次表统计方法中，卡梅伦以字作为隐喻簇识别和统计的单位。由于并非所有字都是独立的意义单位或具有独立表达隐喻意义的能力，以字为统计单位，易导致隐喻簇起止界限模糊。而以突然攀升的曲线作为隐喻簇出现的标志，又易导致某些隐喻簇被忽视，比如由2—3个喻体构成的小型隐喻簇或喻体相对不太密集的复杂长句隐喻簇。卡梅伦（2004）明显意识到这一不足，改为以语调单位作为隐喻簇识别和统计的单位。然而，这依然不能有效解决隐喻簇统计界限模糊或部分隐喻簇被忽略的问题。一是语调单位只适用于口语话语中隐喻簇的识别；二是正如基梅尔（2010）基于语料库数据所指出的，隐喻簇绝大部分都是以混杂隐喻簇形式存在的，说话者和写作者在生成喻体间语义关系有时不协调的混杂隐喻簇时，往往自然而然地将它们分散在不同的从句中，通过拉开句法空间距离，将它们分置于不同的语义加工空间中，从而减缓语义冲突的强度。这是拥有不连贯喻体的隐喻簇之所以能实现语义连贯无碍的重要句法机制之一。参照这一事实，语调单位往往属于短语层面，或者至多通达从句层面，当口语话语中，说话者针对某个话题采用复杂句子结构的隐喻簇进行表达时，很有可能因为喻体分散于距离较远的从句中,相隔较多语调单位,导致这一隐喻簇无法通过 DisVis 所生成的视觉图进行识别,降低了统计数据结果的可靠性。

三 心理学视角

(一) 主要研究成果

丹尼尔·科特斯是美国奥古斯塔纳大学心理系教授。他从心理学视角对话语中隐喻和手势的生成做了深入研究。科特斯通过对大学讲座、课堂话语等语料的分析,指出在这些不同的语体中,具有共同认知基础、成簇共现的隐喻表达占隐喻语言总数的大部分,并运用泊松分布(Poisson Distribution)和居中移动平均数(Centred Moving Average,简称 CMA)的统计学方法来识别隐喻簇。相关主要论文有:《大学讲课中修辞性语言和手势爆发的原因》(Factors characterizing burst of figurative language and gesture in college lectures)、《修辞性语言生成中的概念簇》(Conceptual clusters in figurative language production)、《大学讲课中修辞性语言和手势的自发生成》(Spontaneous production of figurative language and gesture in college lectures)。在其 1999 年的论文《大学讲课中修辞性语言和手势的自发生成》中,Corts & Pollio 对三节大学课程进行了考察,发现讲课过程中常常出现修辞性语言和手势的"爆发"(bursts of figurative language and gestures),而这些修辞性语言主要是隐喻语言,并指出这些隐喻和手势的爆发主要具有两个交际功能:一是引导学生跟随讲课的结构和节奏;二是用于陈述和强调涉及重要讲课内容的新观点(Corts & Pollio,1999:81)。

科特斯采用了法国数学家西莫恩·德尼·泊松(Siméon-Denis Poisson)于 1838 年发表的泊松分布的方法来识别修辞性语言

簇。首先，通过选取任意数量的句子计算其隐喻语言出现的平均数来计算其居中移动平均数。在该论文中，Corts 选择了对每连续 5 个句子进行计算，即从 1 至 5，从 2 至 6，从 3 至 7，从 4 至 8，从 5 至 9，直到整个语料中所有连续 5 个句子的修辞性语言平均数计算完毕。接着，Corts 认为，其语料中的隐喻爆发和手势爆发满足泊松分布的条件，并采用泊松分布的方法来计算 CMA 特定值在该分布中偶然出现的概率。在其研究中，采用居中移动平均值≤0.10 作为标准对语料中隐喻和手势的爆发进行识别（Corts & Pollio，1999：86）。

科特斯和迈耶斯（Meyers）（2002）还采用波里奥和巴罗（1975）的累计频次表的方法对宗教话语中的隐喻簇现象进行了研究。之所以弃用泊松分布的方法，而采用累计频次表的统计方法取而代之，主要原因是他们认为，宗教性话语充满抽象概念，隐喻含量非常高，隐喻密度较大，运用累计频次表的方法识别隐喻簇能防止重要隐喻的遗失（Corts & Meyers，2002：394）。研究发现，宗教性话语和大学课堂话语一样，涌现的隐喻簇主要以具有共同认知基础的连贯的隐喻簇为主。这是因为，两种话语类型都具有同一个交际模式，那就是由对某一领域较精通的人向对某一领域不太精通的人进行知识传播，这一过程必然会涉及大量的解释，而隐喻是帮助受众理解、帮助说者解释的重要而有效的途径。此外，科特斯和迈耶斯（2002）认为，连贯性、话题的概念性理解和话题对于交际意图的相对重要性三者之间的互动，是自然语言中修辞性语言成簇共现的最主要原因（Corts & Meyers，2002：391）。

(二) 主要不足

科特斯采用泊松分布的方法来识别隐喻簇具有创新性。然而，存在两点疑问。

一是科特斯并未详细交代其通过泊松分布计算特定平均值的过程，以及为何选取居中移动平均值≤0.10作为隐喻和手势爆发出现的判断依据。

二是泊松分布是否适合用于隐喻簇的研究值得商榷。泊松分布是概率论中常用的一种离散型概率分布（discrete probabilities distribution），记作 P（λ）。其中，参数λ是单位时间（或单位面积）内随机事件的平均发生率。当一个随机事件，以固定的平均瞬时速率λ（或称密度）随机且独立地出现时，那么这个事件在单位时间（面积或体积）内出现的次数或个数就近似地服从泊松分布。尽管隐喻簇的出现是偶发的，具有任意性，满足泊松分布的特征之一。然而，泊松分布作为一种离散概率分布，要求被考察事物具有彼此独立、不相关联的特点。对于这个条件，隐喻簇并不符合，因为隐喻簇中的喻体并非都是彼此独立的；相反，它们很大程度上彼此关联，甚至常常属于同一个始源域，映射同一个目标域。当然，科特斯对运用统计方法识别隐喻簇作出了有益的尝试，但其能否有效识别语料中的隐喻簇及其对于隐喻簇研究的适用性值得深思。

此外，科特斯对隐喻簇的划分标准争议性较大。科特斯和迈耶斯（2002）评价其1999论文语料时说："这些隐喻簇，事实上包含着两个小的隐喻簇，簇之间隔着少量的句子。"（Corts & Mayer，2002：394）卡梅伦（2004）认为，这使我们需要反思关于如何划分隐喻簇的问题，也就是，是否隐喻簇中的每个句子都必须包含隐喻。

四 社会认知视角

（一）主要研究

韦罗尼卡·科勒（Veronika Koller）任教于英国兰开斯特大学语言学与英语语言系，主要从事认知批评话语分析、企业传播研究和隐喻理论研究。《商业媒介话语中的隐喻簇：社会认知视角》(*Metaphor Clusters in Business Media Discourse：A social cognition approach*)是Koller 2003年毕业于维也纳大学的博士毕业论文，该论文从社会认知的视角对自然语言中隐喻簇现象的认知理据进行了系统的考察，是隐喻簇研究的重要参考文献之一。科勒基于韩礼德（Halliday）的"语言是社会符号"的观点，从社会认知的视角，以冯·戴伊克（Van Dijk）（1985a，1993，1995，1997a，2001）的批评话语分析（Critical Discourse Analysis，简称CAD）为理论框架，以《商业周刊》（Business Week）、《经济学家》（Economist）、《财富》（Fortune）、《金融时报》（Financial Times）等商业类英文杂志的报道为语料，对语料中涌现的隐喻簇进行了考察，通过对概念模型进行分析，为隐喻簇生成提供了社会认知理据。

科勒从上述商业纸媒中选取营销主题话语和兼并收购主题话语作为案例，对这两个主题的商业话语中主要隐喻类型的词汇场（lexical field）和概念模型（conceptual model）进行了分析（Koller，2003：156）。Koller指出，商业话语中的隐喻语言的一个重要特征就是，以"战争"隐喻为根隐喻而衍生发展的具有共同认知基础的连贯的隐喻簇，但在兼并收购为主题的商业话语中，除了战争隐喻还涌现了"进化"隐喻（evolution metaphor），包括"搏斗"（fighting）隐喻，"求偶"（mating）隐喻和"哺育"（feeding）隐喻等（Koller，2003：170）。

（二）主要不足

科勒（2003）以商业话语为语料，得出商业化话语中的隐喻簇多为语义连贯的单纯隐喻簇的结论。这一结果与科特斯（1999，2002）的结果吻合，但与基梅尔（2010）和奎因（1991）的结果相反。这种研究者之间数据结果不一致的情况，使得我们必须要对科勒等人的语料选择和研究方法进行必要的反思。

首先，话语题材的选择对于隐喻簇的构成具有较大影响，在类似宗教性话语和商业话语中，隐喻簇的喻体词项多具有共同的认知基础，围绕一个核心隐喻成簇表征，而在类似婚姻主题的访谈和政治主题的新闻报道中，大部分隐喻簇都由来自不同始源域的喻体构成。

其次，隐喻簇识别标准的差异，可能导致数据结果的大相径庭，基梅尔（2009）曾指出编码标准的差异对于研究数据的影响，比如他本人的研究中就不考虑话语中的实体隐喻和基础隐喻，而卡梅伦在其统计中却将实体隐喻、方位隐喻等规约程度较高的隐喻均纳入考量范围，由于实体隐喻、方位隐喻、基础隐喻等隐喻类型广泛存在，数量极大，是否将其纳入研究范畴直接决定隐喻密度的大小，以及混杂隐喻簇在隐喻簇语言中所占之比例。根据科勒（2003：113）所述，其语料中的隐喻密度（Metaphor Density）为5.3，即平均每1000个字涌现5.3个隐喻语言表达，以隐喻的泛在性来看，这个数值是非常低的，科勒在其研究中未清楚交代隐喻的识别标准，故不排除剔除了实体隐喻和方位隐喻的可能性。这也将后续研究采用一个统一的隐喻编码标准提到议程之上，以保证不同学者之间研究结果的可比性和可鉴性。

五　文化人类学视角

（一）主要研究成果

人类学者娜奥米·奎因（Naomi Quinn）是美国杜克大学文化人类学系教授，其早期研究致力于通过隐喻来探讨美国人关于婚姻的文化模型，并通过文化模型来阐释隐喻簇的生成与理解基础，后期则专注于认知人类学，试图通过语言、认知、情绪、心理动态过程等维度来思考文化的本质。

1991年，奎因在弗曼德主编的人类学著作《超越隐喻：人类学中的修辞理论》一书中，撰写了其中"隐喻的文化基础"（The Cultural Basis of Metaphor）[1]一章。奎因以婚姻主题的访谈话语为语料对隐喻簇现象进行了研究，发现说话者倾向于在没有共同认知基础的隐喻之间自如转换。

如果说，科勒关注的是隐喻簇形成背后的社会认知因素，那么作为人类学家的奎因关注的则是隐喻的文化基础，前者在批评话语分析的理论框架下对隐喻簇进行考察，后者则试图通过文化模型对隐喻的内涵进行诠释。

奎因认为，隐喻不仅仅是隐喻，它也是文化的折射[2]，基于认知人类学的基本主张，文化在人类的理解过程中起到了核心和深远的作用，而文化对思维的这一管理角色在现有的认知隐喻学

---

[1] Quinn, N., "The cultural basis of metaphor", In: Fernandez, J. (Ed.), *Beyond Metaphor, The Theory of Tropes in Anthropology*, Stanford UP, 1991, pp. 56–93.

[2] Quinn, Naomi, The cultural basis of metaphor, In: Fernandez, J. (Ed.), *Beyond Metaphor, The Theory of Tropes in Anthropology*, Stanford UP, 1991, p. 57.

研究中却极大被忽略。奎因指出,文化对于隐喻具有决定性影响,我们总是依据已有的文化模型来选择适合的隐喻,而隐喻通常并不能产生全新的、前所未有的文化蕴涵。奎因认为,莱考夫和约翰逊(1980)所例举的大量关于"辩论是战争""婚姻是旅行"的隐喻语例以及关于"愤怒"的情绪隐喻,都是以美国文化为认知基础来重构美国式的认知模式。莱考夫和约翰逊多次提到,民间理论(folk theory)为其所列举的隐喻例子和隐喻的系统连贯性提供了认知基础,奎因认为这一"民间理论"便是自己所强调的文化认知模式。总之,日常言语活动中隐喻的选择取决于对当下概念推理任务的文化适用性。从这一基本立场出发,奎因通过对婚姻主题话语中的"婚姻隐喻"的研究,试图探讨美国人的婚姻文化心理。

通过对数百小时的婚姻主题访谈话语进行考察,奎因发现这些话语中丰富多变的婚姻隐喻可归纳为以下八类(Quinn 1991:66):

①共享隐喻(Metaphor of sharedness),如:I felt like a marriage was just like a partnership.

We are together in this.

②持久隐喻(metaphor of lastingness),如:

It's that feeling of confidence that we have about each other that's going to keep us going

③共同利益隐喻(metaphor of mutual benefit),如:

Our marriage is a very good thing for both of us.

④适应性隐喻(metaphor of compatibility),如:

The best thing about Bill is that he fits me well.

⑤困难隐喻（metaphor of difficulties），如：

The first year we were married was really a trial.

⑥努力隐喻（metaphor of efforts），如：

She works harder at our marriage than I do.

⑦成功或失败隐喻（metaphor of success or failure），如：

We knew that it was working.

The marriage was doomed.

⑧风险隐喻（metaphor of risk），如：

There are so many odds against our marriage.

奎因（1991：66）在对语料的观察中发现，婚姻主题的被访谈者倾向于在上述八类不同的隐喻映射之间自由地来回转换，形成混杂隐喻簇，而丝毫不影响正常的表达与理解。奎因认为，美国式的婚姻文化模型是这些隐喻簇生成和理解的文化基础。请参见以下五个混杂隐喻簇案例，粗体字部分为隐喻喻体：

（2）And another thing we've **got into problems** of, you know, "Who am I? What do I want to be? Who are you? Where are you **going**? What do you want to be? And how do we both **get there**?" Being that we're sort of **tied together**, you know, like a **three-legged race**, this kind of thing, in terms of, you know, **handling** an issue of, suppose someone gets offered a job in Alaska or something?（转引自 Quinn，1991：76）

（3）And then I see marriages where it's just like they are **brother and sister**, they **cross paths** occasionally. They don't **have anything in common** or they don't ever do anything together.

（转引自 Quinn，1991：76）

（4）I couldn't **see** myself marrying another suburbanite who was as **vulnerable** to the world as I am. And the two of us **holding on** *to* each other, **through hostile situations**, you know.'Cause I think we would—I think our **vulnerabilities** would **complement** each other, you know, and we would **go down together**. （转引自 Quinn，1991：76）

（5）But it could be that situation when we got married, that it was such that we had **lots of room to adjust**. Because we didn't have any idea what we were **getting into**. That gave us **a lot of room to adjust**. And by the time we had been **through** the first year we realized, you know, there would have to be **adjustments made**. And a few years **afterwards** when things really got serious we were—you know, when the marriage was **strong**, it was very **strong** because it was made as we **went along**—it was sort of a **do-it-yourself project**. （转引自 Quinn，1991：76）

例（2）中，来自三个不同始源域的婚姻隐喻的共现构成了混杂隐喻簇，这些不同隐喻分别由以下隐喻喻体表征：持久隐喻喻体"going"、努力隐喻喻体"get there"、共享隐喻喻体"tied together"、困难隐喻喻体"three-legged race"。例（3）中，被访谈者同样在不同始源域之间自如转换来映射同一个婚姻目标域，构成混杂隐喻簇，包括共享隐喻喻体"brother and sister"、共享隐喻喻体"have anything in common"、困难隐喻喻体"cross paths"。同样，例（4）隐喻簇中被访谈者对婚姻目标域的建构也涉及了多个不同始源域，包括困难隐喻喻体"vulnerable""vulnerability""hostile situation"，持久隐喻喻体"holding on to each other"和"go down together"，以及共享隐喻喻体"complement each other"。例（5）混杂隐喻簇中的婚姻隐喻始源域也同样来自多个不同始源域，包括共享隐喻喻体"room"、持久隐喻喻体"went along"、风险隐喻喻体"do-it-yourself project"。

奎因指出（1991：66），在美国式婚姻的文化模型中，理想的婚姻关系是共享的、持久的和互惠的。在实现这一共享、持久、互惠的婚姻关系中，双方会遇到困难、付出努力，遭遇成功、失败，以及潜在的危机和风险等，这种文化模型及其所带来的连锁后果是以上八类隐喻映射存在的文化基础，也是上述混杂隐喻簇在访谈话语中频频涌现的理据。

（二）主要不足

奎因强调文化模型对于隐喻具有制约力，从文化模型的视角对隐喻簇的存在做出了文化人类学解释。但必须指出的是，奎因对婚姻隐喻的八大分类存在一定问题。首先，其多采用诸如"持久""共享"等抽象概念作为类别标签，由于过于抽象，在实际甄别过程中易产生较多模糊、难以判断的例子。其次，上述抽象程度较高的范畴类别与诸如"困难""风险""努力"等抽象程度稍低的的类别共存，分类标准的不统一，易导致操作环节中的混乱。比如隐喻喻体"get there"，在文化模型视角下，可以是"努力隐喻"喻体，因为实现目标需要夫妻双方的协作努力；也可以是"持久隐喻"喻体，因为实现目标本身需要消耗时间，需要双方持久的努力；也可以是"共享隐喻"喻体，因为双方要实现的是一个共同的目标。事实上，在上述四个混杂隐喻簇例子中，我们可以看到诸如"婚姻是旅行"（如"go down together"一起走下去、"cross path"交叉路口）、"婚姻是战争"（如"hostile situation"敌对状况）等结构隐喻，但奎因对于这些结构隐喻类别未有提及。

奎因由于致力于弱化隐喻对思维的建构作用，突出文化模型对思维的制约性和基础性，而将隐喻的类别进行了抽象的提炼和归纳，导致美国婚姻文化模型本身的丰富内涵在其隐喻映射分类中未得到应有的体现，是其理论的一大缺陷。尽管奎因对隐喻的分类方法值得商榷，然而，其从文化人类学角度对隐喻的探讨，以及其对混杂隐喻簇的恰当性的探讨，都对后来的研究具有重要的借鉴意义。

六 认知语言学视角

（一）主要研究成果

奥地利学者迈克尔·基梅尔于2010年在《语用学期刊》上发表的关于隐喻簇的论文，是近年来隐喻簇研究的重要参考文献。该论文在大量语料的实证基础之上，再次指出了隐喻簇在自然语言中的广泛存在性，并在认知语言学的框架下对隐喻簇的语篇功能和隐喻喻体间的语义关系进行了考察，对概念隐喻理论之于隐喻簇现象的解释力进行了反思。该论文对国内外隐喻簇及其主要类别混杂隐喻簇的相关研究开始升温起到了重要的推动作用。

除了卡梅伦的话语分析框架和科勒的批评话语分析框架之外，早前的隐喻簇研究，更多是从语言学科以外的视角展开，如心理学、社会学、人类学等。虽然基梅尔与奎因一样，也是一位文化人类学学者，但他对认知语言学和概念隐喻理论有着独到的见解。他以《太阳报》和《卫报》2004年5月关于欧盟选举的675篇新闻报道为语料，对语言隐喻进行了定量和定性分析，数据表明，两种报纸的语料中分别有39%和62%的隐喻语言是以隐喻簇的形式呈现的，其中混杂隐喻簇占隐喻簇总数的76%，是隐喻簇的主要表现形式。但语料库中的混杂隐喻鲜少导致意义无法连贯建构的状况。这一点与奎因（1991）关于婚姻主题的访谈研究结果是一致的。基梅尔借此认为，隐喻簇作为一种语言现象有不同类型的表现形式，而不同表现形式的隐喻簇其隐喻连贯性也存在程度差异。

基梅尔是首位在认知语言学框架下对隐喻簇现象进行专门研究和探讨的学者。与之前的隐喻簇研究相比，基梅尔的研究虽然在实证研究上的贡献并不是最杰出的，但理论贡献却较大。

基梅尔的第一个理论贡献，是在认知语言学的理论框架之下，就概念隐喻理论对隐喻簇现象的解释力进行了评估。他指出，隐喻簇现象超出了概念隐喻理论的解释范畴，也就是说，认知语言学学者需要寻找其他的理论框架来对隐喻簇这一语篇现象的语义组构机制进行诠释。原因如下：

首先，单个的概念隐喻只能解释隐喻簇中具有共同认知基础的、语义连贯的隐喻喻体。比如由同一个结构隐喻派生出的子隐喻，由同一个基础隐喻衍生而来的复杂隐喻，或者始源域及目标域具有语义关联性的隐喻等。而对于隐喻簇中语义不连贯的、不具有共同认知基础的隐喻喻体却无法通过一个单一的概念隐喻来进行解释。语料已经证明，大部分的隐喻簇都是以混杂隐喻簇的形式存在的，即拥有一个或多个与隐喻簇中其他喻体词项不具有共同认知基础的隐喻喻体。概念隐喻理论作为分析工具对于隐喻喻体之间语义连贯的单纯隐喻簇的内部连接（internal binding）具有较强的解释力，但对隐喻喻体之间语义不连贯的混杂隐喻簇的外部连接（external binding）解释力较弱。

其次，概念隐喻的作用范围通常是本地的（local），而非全局的（global），尽管单个概念隐喻可以通过不断重复或衍生实现语篇的连贯，但语料数据已经证明，这种篇章隐喻的情况在语料库中较为少见。绝大多数的情况下，概念隐喻的概念活跃范围都是处于从句层面，极少跨越从句，甚至通达篇章层面。因此，我们需要结合概念隐喻理论，以及其他动态的话语生成模型来对隐喻簇这种包含多个不同隐喻、跨越从句层面的语言现象进行解释。本书正是基于此点建议，而考虑采用接入语义学这一新兴的语义组构理论来对隐喻簇现象进行系统阐释。

基梅尔的第二个理论贡献是对隐喻簇喻体间语义关系类型的梳理。基梅尔（2010）在概念整合理论关于不同输入空间（input space）中各要素之间的概念关联的相关阐述的启发之下，对隐喻簇中各隐喻之间的概念互动的类型进行了梳理，分为三大类：概念互补或细化（conceptual complementation or elaboration）、概念重叠（conceptual overlap）、无概念连贯（no conceptual coherence between metaphors），每个大类又根据始源域与目标域之间的概念关联分为多个关联强弱程度不同的子类。

请参见如下例子（转载自 Kimmel, 2010: 106 – 109）。

(6) The European project now has a good chance to **go in another, more cooperative direction**-if the French and German

governments, which **set the pace on European integration**, take to heart the questions and doubts their voters have raised about Europe's own social and economic conditions. That would mean concentrating on economic reform and liberalization at home instead of **chasing more abstract and distant shadows** of American power. (Guardian PD 97)

(7) This would, of course, represent a startling **volte-face** for Tony Blair. And yet the prime minister's particular skill is the performance of the **graceful U-turn**, couched in the language of the moral imperative. His current **crusade** is to make African poverty history. Let him start by **withdrawing** from the two commitments most harmful to that continent: the EU common policies on overseas aid and agriculture. (Guardian PD 97)

(8) Together, these values and goals, embedded in the EU constitution's charter of fundamental rights, represent **the woof and warp of a fledgling European Dream** and the beginnings of a global consciousness. (Guardian PD 329)

基梅尔的第三点理论贡献在于对混杂隐喻簇的语义连贯机制的初步探讨。他指出，通过对语料的观察，他发现不具有共同认知基础的、不连贯的隐喻喻体鲜少共同出现在同一个从句中，相反，它们总是很自然的被说话者或写作者置于不同的从句中，使得不连贯的隐喻分散于不同的语义空间，减轻语义连贯的压力。他更直接认为，混杂隐喻的语义连贯是句子加工的自然结果。基梅尔的这一发现与本书针对现代汉语语料库的研究结果是一致的，在随后的第四章和第六章中将有详细的论述。

（二）主要不足

虽然基梅尔（2010）对于隐喻簇的研究提出了一些建设性的意见、假设和方向，但是，他并未提出或借用一个统一的理论框架对隐喻簇的语义建构进行系统、完整的阐述。而这一任务，正是本书致力于在前人研究基础之上进一步完成的。

此外，基梅尔（2010）对于隐喻簇的识别和统计方法存在一定的争议。在其对隐喻簇语料的编码过程中，并未将话语中的实体隐喻和基础隐喻等纳入统计结果之内，使得混杂隐喻簇占隐喻簇总数的比例一定程度上被降低。是否将实体隐喻和方位隐喻等规约程度极高的隐喻纳入统计结果，在隐喻簇研究界并未达成一致。比如，卡梅伦就将实体隐喻、方位隐喻等规约程度较高的隐喻均纳入考量范围。由于实体隐喻、方位隐喻、基础隐喻等隐喻类型广泛存在，数量极大，是否将其纳入研究范畴直接决定隐喻密度的大小，以及混杂隐喻簇在隐喻簇语言中所占之比例。

综观目前国内外的隐喻簇研究情况，隐喻簇吸引了来自语言学、心理学、社会学、文化人类学等不同学科研究者的兴趣，学者们从各自的学科视角、方法和关注的主题出发，从语言现象层面对不同语境语料中隐喻簇的存在频率和分布特征进行了考察，结论相对一致，但对于混杂隐喻的存在频率，存在分歧，如科特斯（1999，2002）指出，其语料中的单纯隐喻簇占隐喻语言的绝大部分；奎因（1991）则声称，其语料库中大部分为混杂隐喻簇；基梅尔（2010）认为，可能与语料的选择有关。

对于隐喻簇的连贯功能，分为两派。Corts（1999，2002）认为，隐喻簇通常与话语主题密切相关，或源于一个共同的根隐喻，具有语篇连贯功能。基梅尔（2010）则认为，其语料库中绝大部分为不连贯的混杂隐喻簇，故隐喻簇不是有效的语篇连贯工具。对于混杂隐喻的得体性，伊丽莎白（2009）以其心理实验结果为依据，指出混杂隐喻不仅语义连贯，而且是人类思维的基本特征。

从研究语料来看，多为口语；从研究方法来看，包括统计学、心理学、语料库的方法；从研究内容来看，主要关注隐喻簇的识别方法，隐喻簇的社会、文化认知理据，以及隐喻簇的认知功能。

反思隐喻簇研究的现状，在以下方面尚存在一些问题亟待进一步研究和探索。

首先，隐喻簇的识别标准需要统一。识别标准的差异可能会降低数据结果之间的可比性。基梅尔（2010）也曾提出编码标准的差异对于研究数据的影响，比如基梅尔（2010）就不考虑话语中的实体隐喻和基础隐喻等，而卡梅伦（2004）在其统计中却将实体隐喻、方位隐喻等规约程度较高的隐喻均纳入考量范围，由于实体隐喻、方位隐喻、基础隐喻等隐喻类型的广泛存在，且数量极大，是否将其纳入研究范畴直接决定隐喻密度的大小，以及混杂隐喻簇在隐喻簇语言中所占之比例。此外，科勒（2003）的语料库中的隐喻密度为5.3，以隐喻的泛在性来看，这个数值是非常低的，不排除剔除了实体隐喻和方位隐喻的可能性。这也将后续研究采用一个统一的隐喻编码标准提到议程之上，以保证不同学者之间研究结果的可比性和可鉴性。

其次，现有的隐喻簇研究聚焦于隐喻簇识别的统计学方法、隐喻簇生成的文化和社会认知理据，以及认知功能，缺少在一个统一的理论框架之下对隐喻簇生成的概念认知理据和隐喻簇的意义建构机制作系统阐述。在此背景之下，本书以语料库的定量与定性分析为研究方法，选择体裁和主题丰富的书面语作为语料，以接入语义学作为理论框架。接下来将对接入语义学作详细介绍。

第二节　接入语义学：一种新视角

接入语义学（Evans，2013）是一门新兴的语言介导的意义建构理论。认知语言学家埃文斯（Vyvvan Evans）在其 LCCM 理论的基础之上，整合认知语言学、心理学、神经科学等学科的前沿进展，提出了接入语义学（Access Semantics）理论框架，旨在对从语言系统到概念系统的整个意义接入和组构过程进行理论建模和解释，为隐喻簇研究提供了一个全新的、极具解释力和操作性的研究视角。

Access 一词源自拉丁文 accessus，意思为"接近"。[1] 20 世纪 60 年代，access 一词开始被隐喻式应用于计算机及网络终端的虚拟行为中[2]，中文术语译作"接入"。随着认知科学跨学科研究的发展，access 一词亦被隐喻式应用于认知心理学，中文术语译作"可及"，如 mental access（心理可及），accessability（可及性）等。本书取计算机科学中的"接入"这一译法，主要原因有二。

---

[1] 详见 http://www.etymonline.com/index.php?term=access&allowed_in_frame=0。
[2] 详见 http://www.etymonline.com/index.php?term=access&allowed_in_frame=0。

首先，译作"接入"与其拉丁文原意更为接近。其次，以 LCCM 理论为代表的接入语义学其前身为认知组构语义学（Cognitive Compositional Semantics），组构语义学提倡人类语言的可组构性（compositionbility）[1]，在人工智能领域受到诸多研究者的关注和应用[2][3][4]，与计算机科学有着重要的渊源。

接入语义学以"接入"二字点出其最核心的接入式符号观，以及符号介导的接入式意义观。其代表性理论 LCCM 理论不仅对隐喻簇喻体的灵活多变性和混杂隐喻的"混而不杂"特性提供了极佳的解释路径，同时也为隐喻簇的研究提供了一个既充分关注前台（frontstage）语言符号系统本身复杂性和加工机制，又关注后台（backstage）认知机制的形成与运作机理，同时着眼于前台语言系统与后台概念系统间的互动性、从符号表征到意义生成的完整的意义建构理论框架；同时它的研究范畴涵盖认知语言学的全部内容——认知语法和认知语义学，是一个统一的理论框架；此外，它提出了明确的意义建构机制（Meaning Construction Mechanism）——选择与融合（fusion），以及清晰明确的意义建构流程，为揭开隐喻簇的面纱提供了具体、可操作、可组构的理论分析工具。

---

[1] Yuuya Sugita, "A Holistic Approach to Compositional Semantics: A connectionist model and robots experiment", in *Advances in Neural Information Processing System* 19, MIT Press, 2007, p. 969.

[2] Pascal van Eck, *A Compositional Semantic Structure for Multi-Agent Systems Dynamics*, Printpartners, 2001.

[3] Yuuya Sugita, "A Holistic Approach to Compositional Semantics: A connectionist model and robots experiment", in *Advances in Neural Information Processing System* 19, MIT Press, 2007, pp. 969–976.

[4] Roy et al, "Extending Montague Semantics for Use in Natural Language Database-query Processing", in *Advances in Artificial Intelligence*, Springer, 2004, pp. 567–570.

接入语义学是在认知语言学的理论视野中提出的,植根于认知语言学的前沿进展,包括具身认知（embodied cognition）、词汇表征、百科语义学、模拟语义学、语法的符号本质,以及语言的基于使用本质等。尽管接入语义学有其自身甄别性的理论假设,但它依然秉承认知语言学的两大承诺：概括承诺（Generalization Commitment）和认知承诺（Cognitive Commitment）。[①] 所谓概括承诺,就是致力于刻画适用于人类语言各个层面和各个方面的一般性原则。传统的语言学将不同层面的语言现象视作语言的不同模块或子系统,并区分了语法、句法、语义和语用。认知语言学则没有这样的严格区分,只划分为认知语义学与认知语法两大块,并基于概括承诺,致力于研究在共通的认知机制作用下涌现的语言各个层面的各种复杂语言现象。比如传统修辞学将隐喻视作一种修辞方式,是诗歌的语言,是语言的装饰物；而认知语言学则将其视为作用于语言各个层面的认知机制,对其的研究遍及词汇、句法、篇章、语法、语用推理等各个语言层面。所谓的认知承诺,指的是语言现象折射出人类心智的过程,主张通过语言现象研究其背后的认知机制。秉承认知语言学两大承诺,接入语义学提出了词汇概念与认知模式两大知识表征形式,以及选择与融合两大意义组构机制,作为运作于语言现象底层的一般意义加工机制。

接入语义学作为一种认知语言学理论,与其他认知语言学理论最具甄别性的核心特色在于,接入语义学主张意义的建构是由语言系统向概念系统提供接入而实现的。[②] 埃文斯（2013）认为,

---

[①] Croft. W & Cruse. D. A., *Cognitive Linguistics*, Cambridge University Press, 2004.

[②] Evans, V., *Language and time: A Cogntive Linguistic Approach*, Cambridge University Press, 2013：ch 2.

兰盖克（1987，1991，2008）的认知语法理论可算是更为早期的接入语义学理论。[①] 兰盖克提出了域（domain）与域矩阵（domain matrix）这对概念作为认知语法理论的语义基础，在认知语言学界首次提出"词汇表征为百科知识（encyclopaedic knowledge）的激活提供接入"[②]。

接入语义学主要分为两派：以兰盖克的认知语法理论为代表的接入语义学分支和以埃文斯的 LCCM 理论为代表的接入语义学分支[③]。两者最关键的分歧在于：语义结构与概念结构的关系问题和符号单位与百科知识的关系问题。这两点分歧之所以关键，是因为它代表了对于语言与心智接入方式的不同观点。前者认为，语义结构（semantic structure）归属于概念结构（conceptual structure），符号单位直接接入（directly access）概念系统中的百科知识。后者则主张，语义结构是区别于概念结构的不同质的知识结构，认为符号本身没有意义，意义只是符号在使用中的一种功能，符号单位本身不能直接接入百科知识（或称概念系统），而是由符形和词汇概念构成的符号单位二元结构中的词汇概念提供接入（provide access）。概念结构本质上是非语言的（non-linguistic）。词汇概念是接入概念系统的接入点（points of access）。[④]

语言系统中的词汇概念与概念系统中的认知模式本质上是异

[①] Evans, V., *How Words Mean: Lexical concepts, cognitive models and meaning construction*, Oxford University Press, 2009.

[②] Evans, V., *How Words Mean: Lexical concepts, cognitive models and meaning construction*, Oxford University Press, 2009, ch. 9.

[③] Evans, V., *How Words Mean: Lexical concepts, cognitive models and meaning construction*, Oxford University Press, 2009, ch. 9.

[④] Evans, V., *How Words Mean: Lexical concepts, cognitive models and meaning construction*, Oxford: Oxford University Press, 2009, part II.

质的知识表征形式,因此无法直接接入彼此。那么两者究竟如何互动呢?抽象而图式化的词汇概念虽不能直接接入丰富生动的、多模态的感知模拟器,但能向概念系统提供一个指导性的纲领,使得概念系统遵照这一纲领激活符合条件的认知模式,并激活该认知模式中特定的模拟器,从而实现接入,成功提取语境下的百科知识,用于意义的进一步组构。①

以 LCCM 理论为代表的接入语义学的一个非常具有甄别性的假设是,人类的知识表征活动和以语言为载体的言语交际行为是通过两种核心的表征系统来实现的,一个是语言表征系统,另一个是概念表征系统。语言表征系统是由词汇概念构成的语义结构,概念表征系统是由认知模式构成的概念结构。而词汇概念与认知模式两者的迥异,决定了语义结构和概念结构的本质区别。人类学指出,语言是在人类认知发展的更高阶段、人类历史发展的较晚时期,晚于人类的其他认知能力出现的,对概念结构的存在、更新和使用起到了管理和组织的作用。认知心理学的研究也已经揭示,由语言知识构成的语义结构是抽象的(abstract)、图式化(Schematic)的、非模态(amodal)的,而由模拟器构成的概念结构则是生动的、细节的、多模态的。语言结构与概念结构是属于不同质的知识结构,是知识表征的不同方式。②

埃文斯认为,语言符号本身并不包含预先打包的(prepackaged)百科知识。语言系统是由符号单位和其他语言知识构成的。

---

① Evans, V., *How Words Mean*: *Lexical concepts*, *cognitive models and meaning construction*, Oxford: Oxford University Press, 2009, part II.

② Evans, V., *How Words Mean*: *Lexical concepts*, *cognitive models and meaning construction*, Oxford: Oxford University Press, 2009, part II.

一个符号单位包含符形,以及由符形所编码的一系列词汇概念,简称词汇概念侧重(lexical concept profile)。符形通过特定语境下与之相对应的词汇概念来接入百科知识。语言系统与概念系统的这种关系,使得我们能通过有限的语言规则和语言知识来实现无限的的意义,这也是认知经济性的体现。概念结构是语言符号所不能直接编码的,只能在语言符号的使用中,在语境的指导下,由语言系统中的开放类词汇概念提供通往概念结构的接入路线,获得情境下的意义。①

一 兴起与发展

LCCM 理论的早期思想于 21 世纪初开始萌芽。2006 年,埃文斯在国际《认知语言学》(*Jounal of Cognitive Cinguistics*)期刊上发表了第一篇介绍 LCCM 理论的论文《词汇概念认知模式与意义建构》(*Lexical Concepts, Cognitive Models and Meaning Construction*),标志着这一理论的诞生。2009 年,第一本系统介绍 LCCM 理论的专著《词如何达意》(*How Word Means*)由牛津大学出版社出版,标志着该理论走向成熟。牛津大学出版社评论道:"该书整合并向前推进了认知科学(尤其是认知语言学和认知心理学)的最新进展,建立了一个描述充分且具有心理可信度的意义理解与分析的框架。"剑桥大学出版社的期刊《语言学》写道:"《词如何达意》一书是一个令人印象深刻的成就,不仅因为其详尽的理论框架具有充分的说服力,更因为该理论对认知模式

---

① Evans, V., *How Words Mean: Lexical concepts, cognitive models and meaning construction*, Oxford: Oxford University Press, 2009, ch. 5, 7, 9.

（cognitive model）及其在语义诠释（semantic interpretation）中的作用机制描述得十分精妙。"（Linguistics 2010：46）

正如索绪尔（Saussure）所说，离开语言，思想只是一滩模糊之物。LCCM 理论最大的优点之一在于其倡导认知语言学研究的"语言回归"，突出了语言在意义建构中的重要作用，将认知语言学从聚焦于概念结构和概念加工机制的后台认知理论倾向重新拉回到了的关注语言本身的复杂性及其语义加工机制的前台认知理论（frontstage cognition），它探讨在意义建构过程中语言系统内部的工作机制，以及语言系统与概念系统之间的互动模式，为意义建构的研究提供了一个由语言符号介导的（language-mediated），由选择、整合与诠释这语义组构三步曲构成的，从前台认知到后台认知的完整统一的意义建构理论框架。

埃文斯自我评价道："LCCM 理论是一个发展中的理论框架。"[①]从 2006 年开始，埃文斯在国际上陆续发表了一系列论文来阐述 LCCM 理论的基本观点及其运用，在学界产生了一定影响，吸引越来越多的国内外学者参与到 LCCM 理论的发展中。国内最早引进和介绍 LCCM 理论的主要代表人物为南京国际关系学院的张辉教授，他从 2008 年起发表了一系列介绍 LCCM 理论的论文，并运用该理论研究熟语等语言现象。2009 年，《词如何达意》一书的出版亦引起了国内学术界的关注。《外语教学与研究》2011 年第六期和《当代外语研究》2012 年第五期先后刊载了对这一著作的介绍和评价。近年来，国内学者对 LCCM 理论的关注呈上升趋

[①] Evans, V., *How Words Mean*：*Lexical concepts, cognitive models, and meaning construction*, Oxford University Press, 2009, p. 28.

势，这一理论被应用于汉语多义词的研究（黄月华，2011，2012）、中国英语学习者英语心理词汇的形成与发展研究（王科敏，2012）、词汇隐喻的意义建构（费红，2013）等各种汉语现象的探讨。

二 理论基础

（一）具身认知

埃文斯（2009：30）明确指出，具身认知是 LCCM 理论框架中语义表征理论得以架构的基石；LCCM 理论中的语言表征和概念表征都扎根于特定情境下人体作为有机整体与外部世界互动过程中所涌现的身体及主观状态；前台语言系统中的词汇概念，以及后台概念系统中的认知模式本质上都是涉身的。[1]

具身认知（embodied cognition）对认知语言学在近三十年的发展产生了深远而举足轻重的影响。它向西方哲学笛卡尔式的身心二分法提出了挑战[2]，改变了人们对语言、心智、身体关系的固有认识，是认知语言学理论存在的基石，推动了接入语义学、框架语义学、模拟语义学、认知语法、概念隐喻理论、概念整合理论、概念转喻理论等一系列认知语言学理论的产生和发展。认知的具身观对认知心理学的发展也有着重要的影响。巴罗（2008）将涉身认知称为扎根认知（Grounded Cognition）。神经心理学家达马西奥（Damasio）（1994：226）认为"心智源自作为整体的人体有机体，依赖于大脑与身体的互动"。

---

[1] Evans, V., *How Words Mean: Lexical concepts, cognitive models and meaning construction*, Oxford: Oxford University Press, 2009.

[2] Lakoff, G & Johnson, M., *Philosophy in the Flesh: The Embodied Mind and Its Challenge to Western Thought*, Basic Books, 1999, ch. 1.

认知的具身观最早是由认知语言学家莱考夫和约翰逊提出的。1980 年，二人在其代表作《我们赖以生存的隐喻》（Metaphor We Live By）中专辟章节详细论述了包括概念隐喻在内的概念系统对于身体经验及文化经验的依赖关系（Lakoff & Johnson，1980：56 - 68）。1987 年，马克·约翰逊（Mark Johnson）在其代表作《心中之身》（the Body in the Mind）一书中首次提出了身体对于心智的重要性（Johnson 1987：xxxvi）。1999 年，莱考夫和约翰逊在合作的著作《肉身哲学：涉身心智及其向西方思想的挑战》（Philosophy in the flesh：the embodied mind and its challenge to western thought）中，明确提出了对西方哲学传统中心身二分的质疑，提出身体与心智的连续关系，以及心智赖以存在的具身性基础（Lakoff & Johnson，1999：18 - 44）。在莱考夫和约翰逊看来，我们与外部世界互动的身体经验深刻影响了我们如何理解自身与外部世界的关系、如何概念化外部世界。比如，人体的直立行走使得我们以特定视角认知自身与空间的关系[①]，人手的特征以及手与杯子之间的互动模式决定了我们如何解码"手握杯子"中"握"字的含义。然而，也有一些学者认为，莱考夫和约翰逊的具身认知观过于局限于身体经验，存在不足。如辛哈（Sinha et al）（2000：20）认为，莱考夫和约翰逊的具身认知观忽略了文化和社会因素对于人类认知的影响，并提出了"不仅仅局限于人体身躯的拓展版本的文化具身认知观（cultural embodiment）"（Sinha et al，2000：22）。

（二）基于使用的语言观

基于使用的语言观是 LCCM 理论遵循的基本主张。传统语言

[①] Lakoff, G & Johnson, M., *Metaphors We Live By*, The University of Chicago Press, 1980.

学将意义的研究划分为语义学和语用学两大类。前者研究语言的一般意义，而后者研究语言在特定语境下的意义。基于使用的语言观否定了这种划分方法，认为语言本质上是基于使用的，语言的意义总是在特定的语境下生成的。离开使用，离开语境，便没有语言交际，也就无所谓语言，无所谓语言的意义。① 接入语义学不仅秉承了这一主张，且进一步认为，语言符号本身并不包含（contain）或编码（encode）意义，意义是在交际过程中、在特定情境下由语言系统的词汇概念向概念系统的百科知识提供接入（provide access）而产生的。LCCM 理论的这一特色为意义的易变性提供了得体的解释。因为每一例真实生活中的话语都有独一无二的语境，而意义作为语言在特定语境使用中所具有的功能，也是独一无二的。简言之，LCCM 从基于使用的语言观出发，认为意义是语言使用的功能，而非结果或附属物。LCCM 理论是一门基于使用的认知语言学理论，致力于解释自然语言中鲜活存在的语言现象。

　　LCCM 理论的这一主张与本书的研究对象隐喻簇十分契合。隐喻簇现象正是在基于使用的研究范式通过实证方法在对自然语言进行考察的过程中走入认知语言学视野的。在认知语言学界，影响最深远的基于使用的语言模型当属兰盖克（Langacker, R.）开创的认知语法理论。他将这种以语言的使用为语料、关注语言的使用的研究范式统称为"基于使用的模型"（Langacker, 1987, 1999）。兰盖克在其认知语法理论中明确指出，人们所具备的语言系统的语言知识来源于语言的使用。当人们暴露于某种语言环

---

① Evans, V., *How Words Mean: Lexical concepts, cognitive models and meaning construction*, Oxford University Press, 2009.

境之下，便自发地通过抽象化（abstraction）和图式化（schematization）两种认知机制从情境下的语言中抽象出或图式化出具有一般存在性的涌现的结构（emergent structure）或图式（schema），个体所具备的语言知识正是通过这一过程获得的。在 LCCM 理论的解释框架里，前台语言系统内的语言知识同样具备抽象和图式化的特点，这一特点使语言系统得以对概念系统行使管理与组织功能，也使得词汇概念得以为接入后台概念系统内由多模态的、细节丰富的模拟器构成的认知模式提供脚手架。

（三）百科语义学

认知语言学主要由两部分内容组成，一是认知语义学，二是语法的认知进路。[①] 而认知语言学范畴内的认知语义学本质上是百科语义学。兰盖克和菲尔莫尔（Fillmore）是百科语义学两位主要代表人物。根据黄衍（Yan Huang）所著的《牛津语用学词典》（The Oxford Dictionary of Pragmatics）[②]，百科语义学的主要假设包括：

· 百科语义学不区分语义学和语用学；
· 百科知识是有结构的（structured）；
· 百科意义是在使用的语境中涌现的；
· 词汇单位是进入百科知识的接入点；
· 词汇单位所接入的百科知识是动态的（dynamic）。

语义学和语用学在如何看待意义的问题上最关键的区别在于是否考虑语境因素。百科语义学否认了脱离语境对意义进行研究的可行性，认为意义是在使用中、在特定语境下涌现的。这也使得以百科语

---

① 语法的认知进路又包括认知语法和构式语法两大理论。
② YanHuang, *Oxford Dictionary of Pragmatics*, Oxford University Press, Oxford, 2012, p. 103.

义学为代表的认知语义学涵盖了传统的语义学与语用学所研究的范畴。兰盖克以域和域矩阵的隐喻来解释百科知识的结构，而菲尔莫尔的框架百科语义学则以框架的隐喻来解释百科知识的机构。尽管如此，两者对于百科知识在意义建构中的作用看法是一致的，语言符号意义的实现基于概念系统中的百科知识，符号所编码的词汇单位通过直接接入百科知识获得特定语境下的意义。而所谓的百科知识简而言之就是特定个体关于某个事物的所知晓的所有信息的总和。因此，百科知识是具有个体差异性的。而人对事物所具备的信息往往随着时间的推移和经历的丰富不断更新，因此，个体存储在大脑中的百科知识不是一成不变的；相反，它是动态的，不断改变的。

LCCM 理论是经过改良的百科语义学。它秉承了百科语义学的精华，但又基于认知科学的前沿进展对其进行了改进。LCCM 理论同样主张摒弃语义学与语用学的区分，坚持百科知识的结构性和动态性、坚持语言符号的意义是在使用中实现的，但不同的是，它否定了词汇单位可直接接入概念系统中的百科知识这一假设。兰盖克百科语义学将语言系统归属于概念系统的范畴，认为语言知识是概念知识的一部分，并基于此认为，词汇单位可以直接接入百科知识。LCCM 理论对这一看法持不同态度，最主要的证据源于人类学、认知心理学和进化语言学。认知心理学家巴塞罗[1][2]和进化语言学家赫福德（Hurford）[3] 的研究认为，"人类的概念结构

---

[1] Barsalou, L., "Situated simulation in the human conceptual system", *Language and Cognitive Processes*, 2003, pp. 513 – 562.

[2] Barsalou, L., "Continuity of the conceptual system across species", *Trends in Cognitive Sciences*, 2005, pp. 309 – 311.

[3] Hurford, *Oxford Handbook of Language Evolution*, Oxford University Press, Oxford, 2007.

是从灵长类动物的感知结构发展而来"（Tallerman，2007：386）。也就是说，人类的概念系统与其他灵长类动物的概念系统是连续的。而语言，作为人类区别于其他动物的重要物种标志之一，出现于人类进化史的近期，远远晚于人类概念系统的出现（Tomasello，1999），是伴随着人类社会属性和交际需求的涌现而诞生的。基于概念系统与语言系统在进化过程中出现的时间相隔久远以及语言能力之于人类的物种独有性，埃文斯（2009：35）坚信概念系统和语言系统是具有本质区别的不同系统。前者与其他灵长类动物一脉相承，多模态、内容丰富生动，后者抽象而图式化，对前者行使着组织和管理功能（Organization and management function），使人类可以更便捷、更有效地通过极其抽象的语言符号来管理和使用位于概念系统中的海量的百科知识（Barsalou，1999：592）。一言概之，语言结构作为与概念结构截然不同的知识表征形式，前者并不直接接入后者，而是通过为后者的提供接入方式和接入范围等指导的方式参与意义的表征与建构过程。

（四）感知符号系统理论

1999年，国际知名认知心理学家、美国埃默里大学（Emory University）心理学教授劳伦斯·巴塞罗（Lawrence w. Barsalou）在《行为与脑科学》（Behaviour and Brain Sciences）期刊上发表了一篇极具影响力的论文《感知符号系统》（Perceptual Symbol System），开创性地提出了感知符号系统理论（Perceptual Symbol System Theory，简称PPS理论）（Barsalou，1999：77-660）。感知符号系统理论最核心的特色是提倡模态认知观（modal approach to cognition）（Reed S. K，2011：277），即概念系统（百科知识）是模态的（modal），人类的知识表征扎根于感知经验（gournded in perceptual experiences），感知经验可以在感知符号的刺激下被重新激活（reactivation），或称重演（reenact）。感知符号系统的最小单位是感知符号。我们的概念系统由无数相互关联（correlate）的感知符号构成。一个感知符号是感知经验（perceptual experience）中某些要素的无意识（unconcious）的神经表征（neural representation）。相关的感知符号组织在一起，形成一个范畴或者一个概念，这个由相关感知符号构成的集合被称作一个模拟器（simulator）。模拟器可以聚集在一个共同的语义框架之内，形成可以模拟更复杂范畴的复杂模拟器。即使在特定的感知经验并不在场的情况下，模拟器依然可能通过整合加工感知符号所记录的神经表征来生成无穷无尽的模拟（simulation），即情境意义（situated meaning）。① 非模态的知识表征理论与感知符号系统理论的知识表征理论对比如图 2-2 所示。

感知符号系统理论有着较深的神经科学依据。丹克（Danker）和安德森（Anderson）（2010）在心理学公报上发文支持感知经验的可重新激活假说。他们认为，对事件（episode）进行编码的脑区，会在重新记起这一事件时被部分的重新激活。② 此外，雷德（Reed）（2011：229-230）也指出，感知经验可被模拟或重新激活这一感知符号系统理论的主要假设与自传记忆有着莫大的关联。自传记忆是指专门用于储存个人经验的记忆。我们在日常生活中所经历的事情通常都是以自传记忆的方式存储在我们的

---

① Evans, V., *How Words Mean: Lexical concepts, cognitive models and meaning construction*, Oxford University Press, 2009, pp. 178-182.

② Danker et al, "The ghosts of brain states past: remembering reactivates the brain regions engaged during encoding", *Psychological Bulletin*, 2010, pp. 87-102.

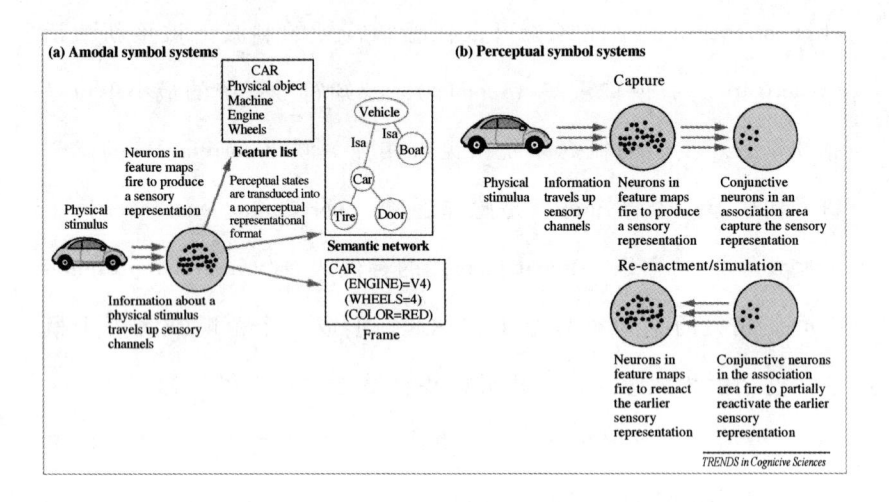

图 2-2　非模态系统与模态系统的信息表征方式对比

（转引自 Barsalou，2003：85）

头脑中。感知经验作为与自我相关的日常生活经验的一部分，同样也属于自传记忆（Reed，2011：229-230）。那么，在感知符号的刺激之下，自传记忆中的感知经验如何被重新激活呢？卡贝扎（Cabeza et al）（2007）通过图 2-3 向我们展示了参与提取自传记忆的脑区。前额叶皮层（prefrontal cortex）主导了自传记忆的提取，并对提取的准确性进行监测。同时，加工视觉意象的脑区活跃度很高，这说明自传记忆涉及视觉意象的重新激活。此外，专门负责情绪记忆的克仁核（amygdala）脑区呈现的高度活跃性表明自传记忆的提取往往伴随着情绪记忆的激活。这些发现为感知符号系统理论关于由感知符号构成的概念系统是多模态的这一假设提供了有力的实证依据。[①]

[①] Cabeza et al,"Functional Imaging of Autobiographical Memory", *Trends in Cognitive Sciences*, 2007, pp. 219-227.

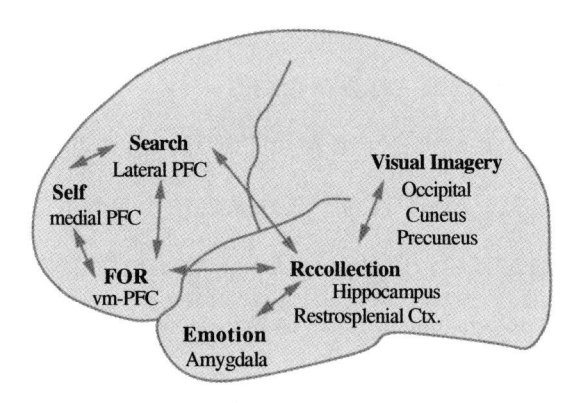

图 2-3　参与自传记忆提取的脑区（转载自 Cabeza et al, 2007①）

  LCCM 理论对于概念系统的描述是在感知符号系统理论基础之上经过改良发展而来。埃文斯（2009：176）认为，尽管感知符号系统理论为阐述概念系统的结构提供重要依据，但该理论并非没有缺陷。比如，该理论混淆性地使用感知（perceptual）这一术语来涵盖包括情感、情绪、认知状态在内的各种基于身体的状态。因此，埃文斯并未使用巴塞罗的模拟器这一术语来对概念系统的结构进行定义，而是借用了认知模式（cognitive model）这一术语作为语言系统可提供接入的概念结构的基本单位。对于埃文斯来说，放弃使用模拟器这一术语有三点原因。

  首先，LCCM 理论作为一种前台认知理论，致力于揭示语言系统在意义建构中的复杂工作机制及其与概念系统间的互动机制。然而，并非概念系统中所有的内容都是语言系统可以提供接入的，我们常说的"无以言表""难以言状"等词语正是表达了这种无法用语言来描述意义的情况。如果在巴塞罗看来概念系统是由模拟器构

---

① Cabeza et al, "Functional Imaging of Autobiographical Memory", *Trends in Cognitive Sciences*, 2007, pp. 219-227.

成的，那么 Evans 便用认知模式这一术语来专指可由语言系统中的词汇概念提供接入的那一部分概念结构。

其次，感知系统理论主要聚焦于认知的感知基础以及概念系统中的感知信息。Evans 认为，概念系统中不仅仅存在感知信息，还应当存在通过叙述、信息交换或八卦等途径而获得的命题信息（propositional information），这些命题信息通过语言路径进行存储和提取，是认知模式的重要内容，是感知符号系统理论中的模拟器所没有涵盖的（Evans，2009：193）。

最后，感知符号系统理论主要关注的是人们如何表征可感知的具体事和物，而对于相对抽象的内省经验的表征却没有涉及。埃文斯认为，内省经验的表征是概念表征不可缺少的组成部分，通过借用认知模式这一术语，在感知符号系统理论的基础之上，将内省经验也纳入了概念结构之中（Evans，2009：194）。

三 理论框架

接入语义学理论提出了一个从语言内部语义组构，到语言系统与概念系统的交互，到认知模式的搜索匹配的完整意义建构理论。其核心假设包括区分了前台认知和后台认知[①]、语义结构和概念结构[②]、语言系统和概念系统。其理论框架主要由语义表征和语义组构两部分组成（见图 2-4）。

语义表征是关于知识表征的问题，由语言系统编码的语义结构和语言系统中的开放类词汇概念提供接入的概念结构两部分组

---

① 关于前台认知与后台认知，详见本书第五章第二节。
② 关于语义结构和概念结构，详见本书第六章第二节。

成。语义结构包含抽象的语言知识，概念结构包含由丰富生动的多模态感知符号构成的概念知识。

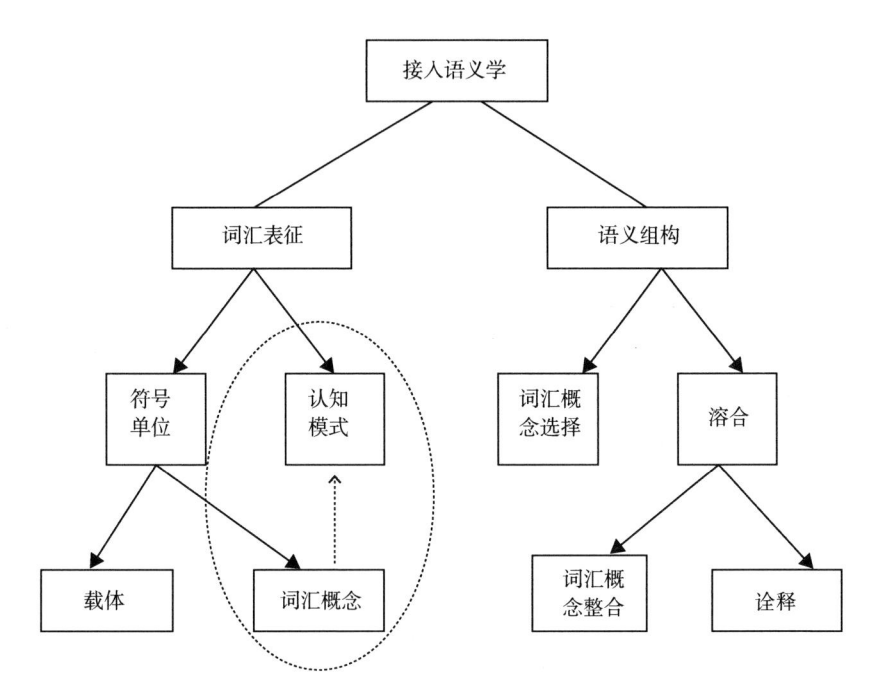

图 2-4　接入语义学的理论框架（译自 Evans，2009：75①）

语义组构则是关于意义建构的问题，即如何将语义表征进行组构并生成意义，分为两步：选择与融合。选择即词汇概念的选择（lexical concept selection），融合又进一步分为词汇概念的整合（lexcial concepts integration）和诠释两个步骤（见图 2-5）。选择与整合均是在语言系统内部完成，属于前台语言加工机制。而诠释是在后台概念系统中完成的，属于后台概念加工机制。

一个词汇概念往往与许多认知模式关联（association），称为

---

① Evans, V., *How Words Mean: Lexical concepts, cognitive models and meaning construction*, Oxford University Press, 2009, p. 75.

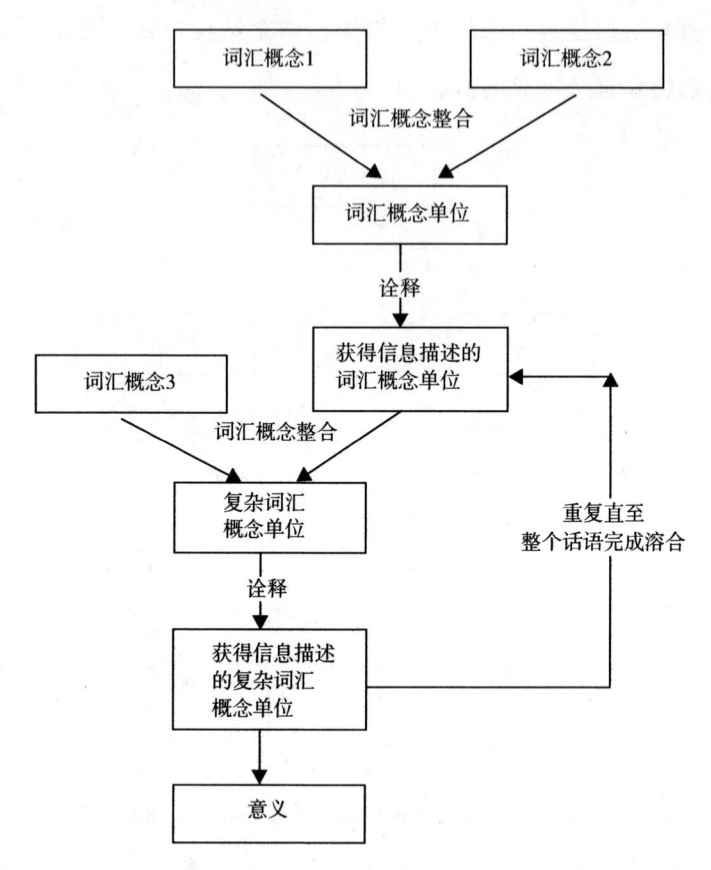

图 2-5　LCCM 理论的语义组构机制（译自 Evans，2009：240①）

多重关联区（multiple association area）。这些多重关联区又统称为接入站（access site）。在语境的影响下，特定的词汇概念往往具有选择性倾向（selectional preference），被选择的词汇概念通过整合形成一个词汇概念单位（lexical conceptual unit），经过整合的词汇概念单位向概念系统提供接入，进入诠释，使词汇概念获得来自概念结构的丰富的信息刻画（informational characterization），

---

① Evans, V., *How Words Mean: Lexical concepts, cognitive models and meaning construction*, Oxford University Press, 2009, p. 240.

或称情景意义。

在隐喻簇意义实现的认知接入进程中，在词汇概念、基本认知模式和次级认知模式三个关键节点上，选择、整合与诠释三大语义组构机制对于接入的具体模式和具体路径提供了明确的指导。首先，在词汇概念层面，喻体词项符形所编码的词汇概念侧重，在特定语境下，选择特定的词汇概念进行解码，这是第一步，即词汇概念的选择。其次，被选择的词汇概念按照特定顺序进行整合，整合的最终结果是获得一个词汇概念单位，并向概念系统中的基本认知模式提供接入，这就是词汇概念的整合。一旦基本认知模式得到接入，概念系统中的诠释机制开始运作，诠释的目的是使抽象的词汇概念获取丰富的信息刻画，诠释的核心机制是匹配，即对两个目标认知域进行匹配。若匹配在基本认知模式层面无法达成，这时搜索机制启动，对基本认知模式链状关联的次级认知模式中的概念内容进行搜索，直到匹配达成，隐喻意义实现。选择、整合、诠释是一个不断重复的过程。被提取的概念内容，将参与隐喻簇中其他开放类词汇概念的整合和诠释过程，直到整个隐喻簇中所有词汇概念都完成选择、整合和诠释，实现整个话语单位的意义组构，隐喻簇意义建构完成。[1]

四 理论特色

（一）前沿性

正如牛津大学出版社评论所指出的，LCCM 理论是在整合认

---

[1] Evans, V., *How Words Mean: Lexical concepts, cognitive models and meaning construction*, Oxford University Press, 2009.

知科学领域内（尤其是认知语言学、认知心理学）的最新理论进展的基础之上，进行创新，提出的一个代表认知语言学发展趋势的意义建构理论。它本质上是跨学科的、具有前沿性的。这一理论框架，不仅为隐喻和转喻现象提供了新的解说进路，而且保障了研究结果的前沿性。

（二）跨学科性

跨学科性是接入语义学最突出的理论特色之一。埃文斯（2009：28）认为，意义的建构发生在语言、交际与认知的界面，必须通过跨学科的视角才能对语言符号介导的意义建构进行有效的研究。基于这一理念，埃文斯（2009）博采认知心理学、认知语言学、人类学、神经科学等学科的前沿研究，在此基础之上，提出了一个具有心理可信度（psychologically plausible）、完整的语义表征和意义建构的理论。

（三）统一的理论框架

现有的认知语言学并未形成一个统一的理论框架，而是代表一种研究进路（approach），认知语言学家们从各自的研究视角出发，提出了互补的、重叠的，甚至互相竞争的理论。[1] 而 LCCM 理论在整合了认知语言学、认知神经科学，以及认知心理学领域内的重要理论进展的基础之上，试图建构一个统一的认知语言学理论框架，其研究范围囊括了认知语言学的两大主要领域：认知语义学和认知法。LCCM 理论为隐喻和转喻的研究提供了一个统一的理论框架，以探讨从语法到语形、语用等各个语言层面的

---

[1] Vyvyan Evans, *How words mean：Lexical concepts，cognitive models，and meaning construction*, Oxford University Press, 2009, p. 48.

转喻现象，有助于一个统一的修辞性语言理论的形成。

（四）完整的意义建构理论

此外，接入语义学还为隐喻簇研究提供了从前台认知到后台认知的意义建构理论。传统认知语言学的意义建构理论，如概念隐喻、心理空间、概念整合、范畴化等，均侧重于研究概念层面的认知机制，即后台认知，却往往忽略了语言系统本身在意义建构中的重要作用。LCCM理论将这个"语言系统本身在意义建构中的重要作用"定义为"前台认知"。该理论致力于架构起一个既刻画前台语义组构机制（semantic composition mechanism），又描述后台认知机制、关注语言系统与概念系统相互作用机制的，从前到后的完整的意义建构理论。LCCM理论中词汇概念的选择及融合机制，及其所接入的认知模式侧重的复杂概念网络和层级关系，具有现有转隐喻理论所不具备的丰富物性结构（qualia structure）（Pustejovsky，1995），有助于深入研究各语言层面隐喻映射的结构特点，将隐喻簇现象置于统一的理论框架中来诠释，从而形成一个完整的统一的隐喻理论。

（五）认知语言学的"语言回归"

LCCM理论积极倡导认知语言学的"语言回归"，强调语言系统本身的复杂性，既关注概念层面的心智加工机制，又指出语言系统的词汇概念为概念系统中认知模式的激活提供认知接入，并提出了意义建构中的三大语义组构机制：选择、整合与诠释，以及清晰明确的意义建构流程，为研究语言系统在隐喻簇意义建构中的重要作用提供了具体、操作性强、可组构的理论分析工具。

（六）隐喻与转喻的"去特殊化"

传统修辞学将隐喻和转喻视作特殊的修辞手法。现有的概念隐喻和概念转喻理论也将隐喻和转喻视作一种独特的认知机制，而 LCCM 理论提供了一个全新的视角，通过认知模式的链状层级网络，隐喻和转喻被视为与字面语言同等的语言现象，共享同样的语义组构机制，区别在于喻体词汇概念心理接入的并非基本认知模式侧重（primary cognitive model profile），而是次级认知模式（secondary cognitive model），并指出接入路线（access route）的长度与语言的修辞性程度（figurativity）有着密切的关联。这一新的视角对于隐喻的本质和概念机制的重新审视、对转喻与隐喻的关系探讨具有启发性。

（七）理论契合度

隐喻和转喻作为隐喻簇生成的后台认知理据，本质上都是一种意义接入机制，与接入语义学的理论视角十分契合。

五　本书的理论修缮和发展

本书在运用接入语义学基本理论、假设和方法对汉语隐喻簇现象进行研究的基础之上，亦对接入语义学理论进行了一定的发展。

首先，本书首次将接入语义学理论应用于隐喻簇研究，也是首次将该理论应用于现代汉语研究。其理论特色和可行性前文已有详述，其理论分析工具在第五、第六章也将进行详细探讨。此处不赘述。

其次，本书修缮了接入语义学对于隐喻的判断标准。接入语义学认为，隐喻是在基本认知模式层面产生冲突，需要接入次级认知模式方可获得语境意义的认知过程。这样一来，规约程度较高的隐喻在接入语义学视角中就不能被称作隐喻。不仅如此，这种通过是否激活次级认知模式这一心理行为来判断是否为隐喻的判断标准过于主观，且存在一刀切的过简倾向。隐喻作为一种复杂的概念现象范畴，其隐喻化程度呈高低之分，况且浸入于（immersed）特定社会文化语境中的说话者对于隐喻的习得、理解和生成存在个体和群体差异性，个体和群体对具体隐喻的认知并非完全一致，比如，某些新奇隐喻对于特定的语言群体可能已经是耳熟能详，是只需直接激活基本认知模式的规约隐喻，而对于其他语言群体则有可能是初次听闻。这样一来，对于这些不同语言群体，有些只需激活基本认知模式，有些却要激活次级认知模式，如果以接入语义学的评价标准来判断隐喻，有可能导致一个共时语言用法在某些人那里是隐喻，而在某些人那里又不是隐喻的混乱局面。换言之，认知模式作为概念信息，其在头脑中的接入权重具有个体差异性、文化差异性、地域差异性、群体差异性等变量，且处于不断地发展之中。有些认知语言学家，也把认知模式称作概念域（domain），如威廉·克罗夫特（William Croft）等，或者称作框架（frame），如菲尔莫尔等。在认知语言学界，认知模式、概念域、框架本身就是界限模糊、具有争议性的术语。这种争议性尤其体现在对概念隐喻和概念转喻的区分问题上。克罗夫特就曾指出，由于现有的概念隐喻和转喻的区分多以始源域和目标域是否位于同一个概念域为判断标准，而概念域本身的边界又模糊，使得隐喻和转喻的区分存在争议（Croft, 2002: 161 – 205）。可见，认知模式这类范畴可以用来隐喻式地描述知识结构，但由于定义不明晰，若用来作为是否为隐喻或转喻的判断标准，则会陷入判断标准的不严谨。

　　当然，笔者并非质疑基本认知模式和次级认知模式的存在，相反，百科知识的动态性、范畴化的原型效应，以及大脑的生物学基础都决定了我们头脑中的概念的互相关联的确具有权重的差别，作为概念系统基本单位的认知模式，的确按照语境下的关联具有亲疏远近的连续统结构。笔者质疑的是，若以基本认知模式和次级认知模式的区分作为判断是否为隐喻语言的标准，过于主观，缺乏客观衡量的依据。介于此，笔者在莱考夫等人的概念隐喻理论的基础之上对接入语义学关于隐喻的判断标准进行了修订，即不以是否激活次级认知模式作为判断隐喻的唯一标准，而辅以莱考夫（1980）的是否通过 A 事物理解 B 事物、是否实现从始源域到目标域的跨域映射作为隐喻的参考标准。莱考夫的标准虽然也是从心理过程的角度出发，但它胜在以这一心理过程中相对客观、界限相对清晰的结构要素作为评价条件，比如 A 事物、B 事物、始源域、目标域。

　　此外，现有的接入语义学局限于意义的理解，只关注从前台到后台的意义建构过程，本书对这一理论局限性进行了拓展，运用该理论对隐喻簇的生成理据进行了探讨，指出隐喻簇的涌现是一个从后台概念系统到前台语言系统的认知生成过程。

　　同时，针对隐喻意义的建构，本书还提出：词汇概念、基本认知模式、次级认知模式是隐喻意义接入过程中的三个认知节点，并将其与 Lakoff 的概念隐喻理论进行整合，指出目标域的实现是从词汇概念接入次级认知模式的过程，次级认知模式层面的统一是混杂隐喻簇获得语义连贯的核心机制。

　　现有接入语义学理论的解释力主要局限在从句的层面（clause

level），而隐喻簇是一个跨从句的、复杂的语篇现象。本书试图突破接入语义学仅对词汇和简单句进行解释的局限性，尝试对隐喻簇从前台语言系统到后台概念系统的语义组构过程进行建构。

最后，接入语义学仍然停留在理论建构阶段，该理论的提出并未依据对大量自然语言语料进行实证考察。本书的语料库研究方法正是对接入语义学解释力的实证支撑和有益补充。

第三章 隐喻簇的界定

　　本章从三个方面对隐喻簇现象进行界定。第一节考察了现有的隐喻簇定义和划分标准，探讨如何从自然语言中可靠地识别隐喻簇，并在此基础之上，提出了较为清晰严谨的隐喻簇定义与划分标准；第二节对隐喻簇的涌现性、或然性、局部性等属性进行了考察；第三节将隐喻簇与多个术语进行辨义，以澄清隐喻簇现象与其他易混淆现象的区别与联系。第一节从形式上对隐喻簇进行界定，第二节从属性上对隐喻簇进行界定，第三节则从术语间的区别和联系中对隐喻簇进行界定。

第一节 隐喻簇的识别

　　卡梅伦（2004：108）曾强调，隐喻簇研究的首要问题是如何可靠地识别隐喻簇，即如何将隐喻簇从上下文中甄别出来，这将决定研究数据和结论的可靠性、科学性。因此，如何对自然语言中的隐喻簇进行可靠识别是隐喻簇研究需要解决的基础性问题。

　　隐喻簇现象是在基于使用的研究范式下，在通过实证方法对自然语言进行考察的过程中走入认知语言学视野的。现有的隐喻簇识别方法也主要以统计学方法为主,手工识别为辅。主要使用到的统计学方法包括累计频次表（Pillio & Barlow, 1975; Cameron, 2003）、DisVis 视觉分析图（Cameron & Stelma, 2004）、泊松分布（Corts & Pollio, 1999; Corts & Meyer, 2002; Corts, 2006）和语料库的定量分析（Kimmel, 2010）。关于现有隐喻簇识别标准的不足之处,本书在第二章文献综述部分已经有详细阐述,故不再赘述。

本节首先通过语例的分析初步描述何为隐喻簇；其次,对隐喻簇定义和隐喻簇划分标准进行讨论,并以此作为本书的隐喻簇识别依据。

一 隐喻簇现象

隐喻簇广泛存在于各种语境的话语和语篇中（Quinn, 1991; Shen & Balaban, 1999; Corts & Pollio, 1999; Koller, 2003; Corts, 2006; Elizabeth, 2009; Kimmel, 2010; Cameron, 2013）。请参考以下语例：

(1) No doubt Labor and the Lib Dems would like to **see some wind in the UK Independence party's sails** to keep the Tories **on the defensive**; but **winds can be changeable**, so all three parties seem to have concluded that the European issue is **best kept in its box** until after polling day. （Guardian PD 225, 转引自 Kimmel, 2010: 108）

(2) And then I **see** marriages where it's just like they are **brother and sister**, they **cross paths** occasionally. They don't

have anything **in** *common*or they don't ever do anything together.

（转引自 Quinn 1991：76）

（3）P：How to **put it**. er,

… （2.0） maybe that's part of **healing** too,

.. my **healing**

J：your **healing**.

.. [yeah]

（转引自 Cameron&Stelma 2004：133）

例（1）转引自基梅尔（2010：97），语料出自英国纸媒《卫报》（Guardian PD 225）关于欧盟主题的新闻报道。例（2）转引自奎因（1991：76），语料出自婚姻为主题的访谈。例（3）转引自卡梅伦和斯特尔马（2004：133），语料出自以战争罪行为背景、以罪犯与受害者家属之间的调停为主题的对话。语例中，黑色粗体字代表包含隐喻的语言。

上述例子具有一些共同特征。

首先，这些语例均包含多个隐喻。如例（1）中的"see some wind in the UK Independence Party's sales""on the defensive""winds can be changeable""best kept in its box"，例（2）中的"see""brother and sister""cross path"，"in"，例（3）中的"put"，以及连续三次出现的"healing"。

其次，这些隐喻语言都出现在邻近语篇中。它们有时出现在同一个从句中，如例（1）中的"see some wind in the UK Independence Party's sales"和"on the defensive"，例（2）中的"see"和"brother and sister"；它们有时分散在一个复杂句的不同从句中，如例（1）这个隐喻簇就是一个复杂句，隐喻则分散于各个从句中；它们有时也会跨越单个句子的局限，分散于彼此相邻的多个句子中，如例（2）这个隐喻簇就是由两个句子构成的，隐喻分散于各个句子和从句中；而在口语对话中，它们有时也会跨越话轮的局限，分散于多个彼此相邻的话轮中，如例（3）就是由一个罪犯的话轮和一个受害者家属的话轮构成的隐喻簇，隐喻分散于这两个相邻的话轮中。

此外，混杂隐喻簇是隐喻簇的重要表现形式。混杂隐喻簇指的是由两个或以上不具有共同认知基础的隐喻在邻近语篇中共现构成的隐喻簇。所谓不具有共同认知基础的，意即这些隐喻拥有相同或相关的始源域。如例（1）中，尽管"see some wind in the UK Independence Party's sales"和"winds can be changeable"两个喻体词项共同建构了"竞选是旅行"这个结构隐喻，但是，这一隐喻簇中又同时包含了由隐喻喻体词项"on the defensive"所建构的"竞选是战争"这个概念隐喻，以及由"best kept in its box"所构建的"欧盟事物是实体"的实体隐喻。通过"旅行""战争""实体"这三个彼此无关的始源域向相应的目标域进行映射，构成了一个复杂的多喻映射概念网络。同样，例（2）也是由多个不同隐喻构成的混杂隐喻簇，包括由"see"建构的"婚姻是实体"的实体隐喻，由"brother and sister"所建构的"婚姻关系是血缘关系"的概念隐喻，以及由"cross path"建构的"婚姻是旅行"隐喻。

在本书的《读者》语料中，隐喻簇也十分常见。请参见以下例子：

(4) 而黄永玉把人生当作万米长跑，如果有人非议，就跑得快一点，把那些声音甩在身后，忘记……这些世纪老人，用生命走出了一条隽永而智慧的历程。(《读者》2012年第 3 期)

(5) 我今年一百岁，已经走到了人生的边缘，我无法确知自己还能走多远，寿命是不由自主的，但我很清楚我快"回家"了，我得洗净这一百年沾染的污秽。我没有"登泰山而小天下"之感，只在自己的小天地里过平静的生活。(《读者》2012 年第 4 期)

(6) 杰克·凯鲁亚特的小说《在路上》里有这样一段话："你的道路是什么，老兄？乖孩子的路，疯子的路，五彩的路，浪荡子的路，任何的路。到底在什么地方，给什么人，怎么走呢？"这是对每一代年轻人的提问。"在路上"三个字，已经超越了文字本身的含义，它吸引着无数人上路，它已经成为一种追逐精神自由飞扬的符号。(《读者》2012 年第 23 期)

上述三个汉语语例均是由多个不具有共同认知基础的隐喻构建的混杂隐喻簇。比如，例（4）不仅包含了由"人生是旅行"结构隐喻派生出的多个隐喻，如喻体词项"万米长跑""跑快一点""甩在身后""跑""历程"，但同时也夹杂着一个"声音是可以被甩在身后的实体"的实体隐喻。

最后，在对《读者》语料进行大规模考察的过程中，笔者还发现了一个重要的现象，即隐喻簇与转喻簇的共现现象。这又分为三种情况：一是隐喻喻体与转喻喻体在同一个隐喻簇中相伴而生，共同建构一个话语；二是隐喻喻体通过转喻的方式构建，从而促使了隐喻意义的实现；三是转喻喻体通过隐喻的方式构建，从而促使了转喻意义的实现。比如，例（5）就属于第一种情况，在这个隐喻簇中伴随出现了转喻喻体"天地"，以"天"和"地"这两样事物指代由世间万物构成的我们所处的"世界"。例（6）则属于第二种情况，即这个隐喻簇中包含基于转喻的隐喻喻体"乖孩子的路""疯子的路""浪荡子的路"。通过"乖孩子"指代乖孩子所具有的特征，如顺从、上进、有责任心等，通过"疯子"指代疯子所具有的特征，比如疯狂、古怪等，通过"浪荡子"指代浪荡子所具有的特征，比如游手好闲、胡作非为、不负责任等。关于隐喻簇与转喻簇的共现现象在第五章将有详细探讨。

二 隐喻簇的定义

通过对文献的仔细考察发现，研究隐喻簇的学者们只是大略地将隐喻簇描述为隐喻成簇的现象，鲜少对隐喻簇进行严格定义。究其原因，隐喻簇本就是一种十分常见的语言现象，在隐喻簇研究兴起的早期，学者较少意识到对其进行严格定义的必要性和重要性。然而，随着隐喻簇研究的深入，学者们逐渐意识到由于缺少严谨的定义而带来的一系列研究上的瓶颈和障碍[1]，比如隐喻簇识别标准的混乱、隐喻簇编码标准的不统一、隐喻簇划分界线的模糊，甚至数据结果的不一致等。因此，遵循一个统一严

---

[1] Cameron, Stelma, "Metaphor clusters in discourse", *Journal of Applied Linguistics*, 2004, pp. 107–136.

谨的定义,是隐喻簇研究展开的基石,是研究结果可靠性的保证,更是学者间研究成果可比性的基础。

到目前为止,对隐喻簇进行定义的主要有三位学者,他们分别是哲学家保罗·利科、语言学家林恩·卡梅伦和人类学者迈克尔·基梅尔。以下将对三位学者提出的定义进行考察和对比。

保罗·利科在其著作《活的隐喻》中将隐喻簇定义为"多词性隐喻"[①]。林恩·卡梅伦则先后提出了两个定义。卡梅伦(2004)是这样定义隐喻簇的——"the phenomenon of clustering where speakers or writers suddenly produce multiple metaphors",即隐喻簇是一种"说话者或写作者突然生成多个隐喻的现象"(Cameron, 2004: 107)。卡梅伦(2003)对隐喻簇的定义是"一种隐喻语言在自然语言中不平衡分布的语言现象,即在自然语言中,有些时候隐喻完全缺席,而有些时候隐喻又成簇涌现在邻近语篇中,形成隐喻簇,或称隐喻的爆发"。基梅尔对隐喻簇的定义是"the phenomenon of metaphors that occur in close textual adjacency",即隐喻簇是"多个隐喻在邻近语篇中共现的现象"(Kimmel, 2010: 97)。

所谓定义,必然涉及被定义概念最基本、最本质的特征。保罗·利科、卡梅伦和基梅尔的定义都从不同侧面反映了隐喻簇的某种特征,各有可取之处与不足。

保罗·利科(1975)的定义从句法结构的角度观察到了隐喻簇由两个以上隐喻喻体构成,这些喻体通常具有不同的词性,因此称作多词性隐喻。然而,利科的定义有两个不足之处。一是拥

---

① 参见保罗·利科《活的隐喻》,汪堂家译,上海译文出版社2004年版,第80—84页。

有多个隐喻喻体的隐喻簇也并不必然是多词性隐喻，有时也会出现多个喻体同属一种词性的情况，尽管这种情况较少，但作为定义本身必须对某种现象在必要条件满足的情况下具有最大的包容性。二是利科提到的是修辞学背景下的隐喻修辞手法，而笔者的研究是在认知语言学的大框架下展开的。在认知语言学的范畴里，隐喻是概念隐喻的简称，是一种心智现象；隐喻的语言符号实现方式则应被称为语言隐喻，是一种语言现象。因此，将隐喻簇这种语言隐喻现象定义为多词性隐喻显然不恰当，因为隐喻簇并非一种隐喻，应称为多词性语言隐喻才算妥当。

卡梅伦（2004）的定义则从多维视角对隐喻簇进行描述，体现了隐喻簇的三个重要特征，分别是：语言使用的现象、涌现性、多喻共存。首先，隐喻是在自然语言生成的过程中产生的，是一种语言使用的现象，表现这一特征的核心词语是"说话者或写作者"；其次，隐喻簇的生成具有涌现性，体现这一特征的核心词语是"突然"；再次，隐喻簇具有多喻共存的语义特征和多喻映射的概念结构特征，体现这一特征的核心词语是"多个隐喻"。然而这一定义由于未交代清楚"邻近语篇"这一至关重要的约束性条件，因此并不能精确地用作识别隐喻簇的定义。

卡梅伦（2003）的定义版本不仅描述了卡梅伦（2004）所提到的隐喻簇的上述三项特征，还从语篇结构的角度提出了隐喻簇在话语语篇分布上的不平衡性，以及隐喻在语篇分布上的邻近性。

基梅尔（2010）的定义则从语义结构和语篇的视角描述了隐喻簇的两项特征。一是从语义结构的视角，指出隐喻簇涉及多喻共存的语义现象，体现这一语义结构特征的核心词语是"多个隐喻"。二是从语篇结构的角度，指出要满足被称作隐喻簇的一项必要条件是，隐喻喻体必须共现于邻近语篇中，体现这一特征的核心词语是"occur in textual adjacency"（Kimmel，2010：97）。基梅尔（2010）的定义言简意赅，虽然对隐喻簇的涌现性、不平衡分布性等特征未有交代，但清楚地陈述了识别隐喻簇的两大必要条件，即多喻共存和邻近语篇。

相较而言，利科的定义以语言系统内的词性种类作为隐喻簇的判断标准，突出了隐喻簇的语言属性，为后来的研究提供了重要借鉴；卡梅伦（2003）的定义在揭示隐喻簇的概念结构、语形结构、语篇结构上是较为全面的，有助于我们更全面的了解隐喻簇的特征；基梅尔（2010）的定义虽简洁，但明确阐述了判断是否为隐喻簇的两个必要条件，为隐喻簇的识别和研究提供了明确的依据。

通过对隐喻簇现象的系统考察，基于对已有定义的对比，笔者提出以下隐喻簇定义：隐喻簇是一种由两个或两个以上喻体词项或本体词项在邻近语篇中成簇涌现所构成的隐喻语言集合单位。

这一定义，在利科、卡梅伦、基梅尔等人定义的基础上，保留了"邻近语篇""涌现"的提法，并做了如下修订：

第一，提出了明确的数量。之前的定义均使用"多个"这一模糊数量来描述隐喻簇中隐喻的数量。笔者考察国外学者的语料库研究结果，将隐喻喻体的数量定义为两个或两个以上[①]，使隐喻簇的识别过程有严格的量化依据，弥补之前的研究在隐喻簇识别方法上的模糊性。

---

① 譬如 Kimmel（2010）就指出其语料库中隐喻簇的喻体个数最少为 2 个，最多为 9 个。

第二，参考普拉格勒杰茨团队（2007）隐喻识别程序，提出以隐喻喻体词项或本体词项的个数来作为被统计的对象，依据喻体或本体词项的具体数量来判断是否为隐喻簇，修订了利科以喻体词项的词性种类数量来作为被统计对象的不足，修订了卡梅伦和基梅尔以"隐喻"这一概念系统的认知现象来作为"隐喻簇"这一语言系统的语言现象的统计依据的做法，以语言现象"喻体词项"和"本体词项"作为语言现象"隐喻簇"的统计依据，使隐喻簇在语言系统内部进行定义。

第三，提出了"隐喻语言集合单位"。一来通过"隐喻语言"在定义中强调隐喻簇本质上是一种语言现象，避免与概念隐喻混淆；二来由于隐喻簇长度不一，从简单句到从句，到复杂句，到段落，因此称作"隐喻语言集合单位"。

三　隐喻簇的划分（segmentation）

如何对隐喻簇进行划分，是隐喻簇研究中的棘手问题，关乎能否正确识别完整的隐喻簇，对于隐喻簇的定量和定性研究至关重要。

隐喻簇是一种隐喻语言的爆发现象，它极不平衡地分布于语篇之中。此前的研究都提到了如何识别隐喻簇的问题，却鲜少明确交待在具体操作环节中究竟如何判断隐喻簇的起点和终点，从而得到一个完整的隐喻语言集合单位。对隐喻簇的划分标准是学者们鲜少阐明的"黑匣子"。

但是，从研究者们的评论中可以看出，这个问题之所以不透明，正因为它是学者们自身也困扰，并且尚未达成一致的难题。科特斯和迈耶斯（2002：394）评价自己1999年的论文语料时说："这些隐喻簇，事实上包含着两个小的隐喻簇，簇之间隔着少量的句子。"卡梅伦（2004：107）针对科特斯和迈耶斯的这一评价，担忧道："这使我们需要反思关于如何划分隐喻簇的问题，也就是，是否隐喻簇中的每个句子都必须包含隐喻。"洛（2008：435）也曾经这样表达他的无奈："在这些转写的语料中，隐喻簇的边界十分模糊（fuzzy），要进行划分只能通过主观性极强的个人决策，即使是卡梅伦和斯特尔马（2004）所使用的累计频次表方法也无能为力。"

归纳起来，对隐喻簇进行划分，主要是要解决两个核心问题：一是隐喻簇中是否每个句子都必须包含隐喻喻体；二是如何划分隐喻簇的起始和终止边界。

根据学者们提供的信息，卡梅伦（2003）以字作为隐喻簇识别和统计的基本单位，由于并非所有字都是独立的意义单位或具有独立表达隐喻意义的能力，以字为统计单位，易导致隐喻簇的起止界限模糊；卡梅伦（2004）以语调单位为隐喻簇划分的最小单位，仅仅适用于口头语言，他本人也直言，书面语言更适合以自然句子为统计单位；科特斯（2002）以5个句子为统计单位，进行累积统计，然而5这个数量是如何设定的，缺少依据；基梅尔（2010）以书面语言为语料，以单个句子为基本统计单位，通过语料库方法，对隐喻簇进行软件识别，并结合人工识别。考虑到本书亦以书面语言作为研究语料，且基梅尔之书面语料属于公开发布的报刊新闻语料，特选定基梅尔（2010）的方法作为隐喻簇划分标准的参考。

由于基梅尔并未对其隐喻簇的划分规则进行阐述，本书通过对基梅尔（2010）所列举语料的原文进行定位追溯的方法，来考察基梅尔在隐喻簇划分过程中的具体操作规则。根据基梅尔所述，其语料出自英国《卫报》和《太阳报》。

（7）He has had to **play his difficult hand** with due diplomacy, and not risk finding himself **too far in the vanguard**. So he was reluctant to say out loud that the British referendum on the constitution was **suspended**, let alone dead. Instead, he **worked the Danes** – the next in the **firing line** – to agree that further plebiscites would be masochism, thus countering the French **view** that the referenda should continue. In the words of the former Foreign Office minister Denis MacShane："Even **lemmings have got a right to stop at the edge of a cliff**."

（转引自 Kimmel，2010）

以例（7）为线索，通过谷歌搜索，追溯到该隐喻簇刊载在《卫报》的原文，通过考察该隐喻簇的上下文，来了解基梅尔划分隐喻簇的基本标准和方法。

隐喻簇在原文中的上下文节选如下：

①But Mr Blair has also seen the crisis as the best opportunity in 20 years to put the distinctive British vision at the heart of Europe, especially reform of the Common Agriculture Policy. He believed the crisis created by the no votes in the Netherlands and France meant the leadership of Europe was in play. With Mr Chirac dubbed the sick man of Europe, and the German chancellor Gerhard Schröder likely to be ejected in September in favour of the more Atlanticist CDU leader Angela Merkel, Mr Blair saw an unparalleled chance to reshape Europe in the British interest.

②In his tour of European capitals last week, he was remorseless in arguing that the EU budget needed to be rethought for the 21st century. **He has had to***play his difficult hand with due diplomacy*, **and not risk***finding himself too far in the vanguard*. **So he was reluctant to say out loud that the British referendum on the constitution was suspended, let alone dead.**

③**Instead, he worked the Danes-the next in the firing line-to agree that further plebiscites would be masochism, thus countering the French view that the referenda should continue. In the words of the former Foreign Office minister Denis MacShane**: "Even lemmings have got a right to stop at the edge of a cliff."

④It took a few more weeks for the French and Germans to accept in public that the ratification process was dead. At this summit, the penny was allowed formally to drop. There will be reflection, but equally important, it appears the French agree with the British view that Europe is losing support due to its failure to deliver on bread butter issues such as jobs and security.

(The Guardian, Saturday 18 June 2005 01.56 BST)

通过在原文中对例（7）进行定位，并以粗体字标记，发现例（7）中每个句子都包含隐喻它的起始和结束分别是该隐喻簇中第一个和最后一个包含隐喻的句子，并跨越了第二段和第三段。

然而，我们发现，在基梅尔的隐喻簇语例中，并非每个句子都必须包含隐喻，如下例：

（8）①There is a way of looking at the acrimonious failure of the **European summit** as a great triumph for Tony Blair. ②The rebate is preserved. The **last rites have been performed** over the European constitution. ③A **vicious bust-up** with Jacques Chirac excites approving headlines about the Prime Minister **bulldogging for Britain**. ④Tony Blair has finally **turned into Margaret Thatcher**. (《卫报》Guardian PD 128，转载自 Kimmel，2010：108)

例（8）的隐喻簇中，隐喻喻体以斜体字表示。观察发现，例（8）隐喻簇中的短句子②并未包含隐喻。通过以上例子可以发现，基梅尔在划分隐喻簇时的如下规则：以句子为最小单位；并非每一个句子都必须包含隐喻；隐喻簇的划分可以从段落的任何句子开始；跨越段落而持续涌现的多个隐喻可以被纳入同一个隐喻簇的范畴。

由此可见，对于卡梅伦（2004：107）提出的需要反思的问题"是否隐喻簇中每个句子都必须包含隐喻"，基梅尔（2010）用行动回答，并不必须。

然而，问题是，若容许隐喻簇内间隔不含隐喻的句子，容易导致隐喻簇划分过程中的模糊案例。句子作为一个句法单位，其长度可长可短，短至寥寥数字，长至扬扬数行，甚至覆盖整个段落。如果允许间隔不包含隐喻的句子，势必造成一些语篇上并不邻近的隐喻喻体，被纳入同一个隐喻簇的范畴。若将标准规定为允许较短的句子不包含隐喻，那么其区间到底多长是可以接受的？几个字构成的句子是可以接受的？如果随意的定一个最多可接受的字数，其科学性和理据性又在哪里？综上所述，正如卡梅伦（2004：107）所担忧的，若允许隐喻簇中间隔不包含隐喻喻体的句子存在，将导致隐喻簇划分和判断标准的模糊，导致隐喻簇识别的混乱和偏差，乃至结果的可信度下降。

为此，本书遵循卡梅伦（2004）的标准，要求所有隐喻簇中每个句子都必须包含隐喻喻体。当隐喻簇演进过程中出现无隐喻喻体的句子，则自动视为隐喻簇的终止。

结合基梅尔（2010）和卡梅伦（2004）的划分方法，本书修订的隐喻簇划分规则如下：

其一，以句子为最小单位；

其二，隐喻簇中每个句子都必须包含隐喻喻体；

其三，隐喻簇的边界从语篇中任何包含隐喻喻体词项的句子开始，随着隐喻语言的持续成簇涌现，沿着紧邻的句子依次往后延伸，并随着隐喻语言的终止，在最后一个包含隐喻喻体词项的句子结束。

本书在语料编码的过程中，严格遵守以上划分规则对隐喻簇进行识别和标注。

第二节 隐喻簇的属性

隐喻簇并不等同于隐喻。要准确了解什么是隐喻簇，必须明确隐喻（metaphor）、语言隐喻（linguistic metaphor）和隐喻语言

(metaphorical language）这三个术语之间的区别。在认知语言学的视野里，隐喻是概念隐喻的简称，是我们赖以生存的思维方式和认知机制，属于概念现象的范畴。而语言隐喻和隐喻语言则属于语言现象的范畴。隐喻潜在于思维中，需要通过各种符号形式来实现。隐喻的符号表达（Semiotic Expressions of Metaphor），即通过语言、手势、音乐、图画等各种或多种符号形式来表现存在于头脑中的抽象的概念隐喻。隐喻为隐喻的符号表达提供了概念框架和机制，而隐喻的符号表现形式亦反过来影响着隐喻意义的实现。语言符号是隐喻得到实现的主要符号媒介。隐喻的语言实现方式被称为语言隐喻，包含语言隐喻的语言单位则被称为隐喻语言。[①] 隐喻簇属于隐喻语言，它本质上是一种语言现象，是由邻近语篇中多个喻体词项共现构成的隐喻语言集合单位。

隐喻簇具有涌现性、或然性和局部性的属性。以下逐一解释。

一 涌现性

隐喻簇的生成具有涌现性。波里奥（1977）认为，隐喻簇的涌现性表现在其出现的突然性，即隐喻语言在自然语言中的自发生成并不会按特定的间隔如约出现；相反，它的涌现毫无规律可言，常常突然以爆发的形式出现。卡梅伦（2004：110）则从复杂系统（complex system）的角度指出，话语可被视作一个动态的、非线性的复杂系统，说话者根据交际意图进行互动、适应和

[①] Kovecses, Z., *Metaphor: A Practical Introduction*, Oxford: Oxford University Press, 2010.

自我组织（self-organization），隐喻簇是这个复杂系统的涌现结果（emergent outcome）。

科特斯（1999）在对大学讲座话语中的隐喻簇进行定量研究时也指出，隐喻簇的出现具有涌现性。比如，在其研究的三个语料样本中，样本一里比较突出的隐喻爆发是在第 20 句、第 80 句和第 190 句之后出现的，如图 3-1 所示：

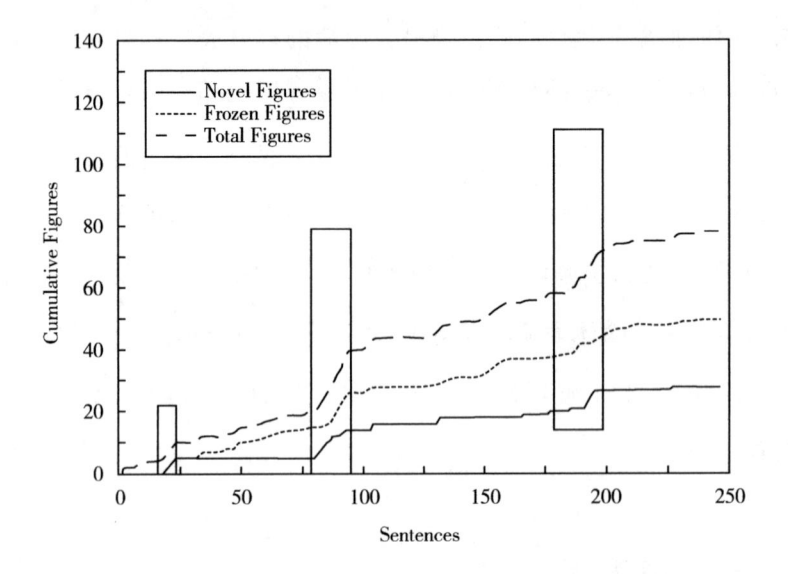

图 3-1　隐喻簇的涌现（转引自 Corts，1999：87）

这一情况在本书的语料库研究中也得到验证，请参考下例：

（9）①和读这个故事的你不一样，我已经完全忘记这是谁了。②我只好回："真替您高兴，不过我手机没有您的号码，您是？"

③回答："房车。"

④你是辆什么车？⑤你想最终去往哪里？⑥你会以什么

速度，走在什么路上？⑦千万别回答那些标准答案——我是辆法拉利、走在高速公路、开往迪拜、一路超车。⑧要知道，除了这个，世上还有很多可能。(《读者》2012年第21期)

(10)①生之无奈，生之苦痛，老年的悲伤，失去，永别。②这些是所有人都要体会的东西。③我喜欢《樱花盛开》这部电影讲的道理，那就是好时光一去不复返。④就是这样的。⑤人生旅程就是一个走下坡路的过程，只是，有的人在这段下坡路上也能多少瞄得几眼不错的风光，摘得几朵美丽的花儿，而有的人就干脆一路朝下，不管不顾，一点也不留恋往返，径直走下去就是了。⑥前者并不一定比后者更快乐，因为那是幻觉；后者也不一定比前者更睿智，因为连幻觉都丧失了。⑦我喜欢《樱花盛开》，就是因为，它呈现了幻觉的色彩，也呈现了生命的本质，而很多作品是无法将二者兼顾呈现的，但《樱花盛开》做到了。⑧更重要的是，《樱花盛开》有一种安之若素的味道。⑨这也是小津安二郎的核心味道。(《读者》2012年第3期)

(11)①学校有一个废置的变压器，弃在一个偏僻的角落里。一只蛐蛐蛰伏在那里低唱，我找寻它，却无意间发现了一棵草。②芥草如针，长在变压器的一个铁窝窝里，覆土不过指甲盖大小，厚不盈豆。③然而，它就长在了那里。④一场时光的风，送来了尘土和种子，又一场时光的雨洒落下来，它便破土而出了。⑤是啊，当一个生命纯粹到只想活着的时候，它对这个尘世，可以简单到一无所求。⑥我们活一辈子，只是人生的门外汉。⑦这就很好，把人生看得太透了，生命的胡琴里，咿咿呀呀的，只会是悲观和失望。⑧好

的人生，是一片迷蒙的月色，你只是觉得它美，却永远说不清它美在哪里。⑨这，就足够了。(《读者》2012 年第 1 期)

上述例子中，着重号部分为隐喻簇的涌现。在例（9）中，隐喻簇从第③句开始涌现，一直贯穿至第⑧句。在例（10）中，分布了三个隐喻簇。隐喻簇从第③句开始涌现，在第④句开始之前终止，然后又突然密集地在第⑤句爆发，稍停之后，又在第⑧句再次突然涌现，直至第⑨句完结。在例（11）中，隐喻喻体从第⑥句开始突然密集涌现，一直贯穿至第⑧句。

二 或然性

隐喻簇的或然性表现在隐喻喻体选择的不可预测性（unpredictable）（Pollio et al, 1977；Cameron, 2004；Kimmel, 2010）。隐喻簇在自然语言中的涌现是不可预测的（Kimmel, 2010：112；Quinn, 1991；Shen & Balaban, 1999）。我们选择哪一个隐喻或是否使用隐喻来表达我们头脑中的意义，受连贯、意图、主题、个人偏好、语境等诸多变量因素的影响，在话语或语篇的演进过程中具有极大的随机性。

隐喻簇的或然性在本书的语料库统计过程中也得到验证。事实上，在本书的第一期语料库中高频出现的关键字喻体词项，却并非都能在第二期语料库中同样高频出现。

三 局部性

隐喻簇通常情况下是一种局部（local）的，而非全局（global）的语言现象。所谓局部和全局，都是相对整个语篇而言的。在学者们的语例中，隐喻簇的长度从简单句到复杂句，到多个话轮，到段落，却鲜少出现由一个完整篇章构成一个隐喻簇的情况①，因此，隐喻簇对于整个篇章而言一般来说是一种局部的语言现象。

关于隐喻簇的局部性，基梅尔（2010）的语料库研究提供了有力的证据。他通过考察隐喻簇喻体词项的个数，发现其语料库中隐喻簇的长度最小为两个隐喻喻体，最长也只有九个隐喻喻体，如表3-1所示。

表3-1 按喻体个数分类的隐喻簇频率（转引自 Kimmel, 2010：101）

Max. distance 3	GUARDIAN		SUN	
	Clusters of this type	Metaphors in cluster type	Ousters of this type	Metaphors in cluster type
Singles (non-clusters)	967	967 (60.89%)	372	372 (37.7%)
Met. doubles	183	366	125	250
Met. triples	57	171	46	138
Met. quadruples	12	48	27	108
Met. quintuples	6	30	8	40
Met. sixes	1	6	3	18
Met. sevens	0	0	5	35
Met. eights	0	0	2	16
Met. nines	0	0	1	9
Sum of metaphors in clusters (= all withnot metaphor singles)		621 (39.11%)		614 (62.3%)
Total of metaphors		1588		986

第三节 主要术语辨义

与其他相关术语进行对比区别，有助于更清楚地界定隐喻

---

① 较小的篇章除外，如笑话、短诗或较短的散文等。

簇，避免混淆。

一　隐喻簇与篇章隐喻

隐喻簇并非篇章隐喻。前者是一种由隐喻喻体在邻近语篇中共现而形成的局部语言现象；后者是一种作用于整个语篇组织架构的隐喻机制。

然而，在某些较特殊的语例中，隐喻簇也有可能和篇章隐喻同时存在于同一长度的语篇中，但两者一个属于语言现象，另一个属于概念现象。例（12）就是这样一个极为特殊的例子，这种例子在本书的语料中为数极少，寥寥可数。

（12）

《人生的五个短章》

美波歇·尼尔森

第一章

我走上街，人行道上有一个深洞，我掉了进去。我迷失了……我很无助。这不是我的错，费了好大的劲儿才爬出来。

第二章

我走上同一条街，人行道上有一个深洞，我假装没看到，还是掉了进去。我不能相信我居然掉在同样的地方。但这不是我的错，我还是花了很长的时间才爬出来。

第三章

我走上同一条街，人行道上有一个深洞，我看到它在那儿，但仍然掉了进去……这是一种习惯了。我的眼睛睁开着,我知道我在哪儿,这是我的错。我立刻爬了出来。

第四章

我走上同一条街,人行道上有一个深洞,我绕道而过。

第五章

我走上另一条街。

(《读者》2012 年第 3 期)

例(12)中,由隐喻喻体词项"第一章""第二章""第三章""第四章""第五章"构建的篇章隐喻"人生是书",以及有由"走上""一条街""街道""深洞""掉进去""迷失""人行道""在哪儿""爬出来""绕道而过"等一系列喻体词项所构建的篇章隐喻"人生是旅行"从概念层面架构起了整个篇章的内容。

同时,在这篇短文中,目标域只在标题中出现一次,整篇短文的正文全部是由始源域构成的。也就是说,整篇文章的每个句子都包含隐喻,而且是"人生是旅行"这一结构隐喻的喻体词项和"人生是书"这一概念隐喻的喻体词项混杂出现在整个语篇中。因此,这篇短文构成了一个隐喻簇,而且是混杂隐喻簇。

二 隐喻簇与隐喻式篇章

隐喻簇也并不等同于隐喻式篇章。首先,隐喻簇是趋向于局部的(local),而隐喻式篇章却是趋向于全局的(global)。隐喻簇又被称作"隐喻的爆发",因为隐喻簇就是由作者或说话者在语篇行进过程中,为实现某种交际目的时,隐喻式思维突然爆发,而在局部邻近语篇中形成的,隐喻喻体词项不可预期性的爆发。换言之，隐喻簇语言单位的长度最小可以是简单句，也可以是复杂句，还可以是多个句子构成的段落，但一个隐喻簇单位极少覆盖整个篇章，除非篇章本身如例（12）结构较短，构成篇章的句子数量较少，且连续每个句子都没有中断地出现至少一个彼此间构成跨域映射关系的隐喻喻体词项。其次，隐喻簇对喻体词项的个数有明确要求，而隐喻式篇章却没有。比如，只出现一个隐喻喻体词项的单项式隐喻语言就不是隐喻簇，而一个篇章却可以因为一个单项式隐喻的出现而被称作隐喻式篇章。

但同为语言现象，两者也是存在交集的。还是以例（12）为例，短文《人生的五个篇章》可以看作是一个隐喻式篇章，同时，这个隐喻式篇章由于满足了隐喻簇的定义和划分规则，亦属于一个隐喻簇。针对例（12），我们可以这样来表述隐喻式篇章、篇章隐喻和隐喻簇三者之间的关系：由"人生是书"和"人生是旅行"这两个篇章隐喻所架构的隐喻式篇章例（12）构成了一个完整的隐喻簇。

请参考另一个同时包含篇章隐喻、隐喻式篇章和隐喻簇的例子。

(13)

《身体一艘船》

a.【身体，是一艘没有航道的船。从生命诞生的一刻起，他就和天上的云水中的鱼一样飘着游着。从早到晚，从春天到冬天，我们的身体游走于大地，就像船一样在海洋里行进着，有时后退，有时打转，有时也停泊到一个码头，或进入港口休憩。

我让自己的身体斜靠着，成为一艘会思想的船。随着烟尘往事，想着人在大地上的存活。人，从诞生到死亡，航行于茫茫海洋，新日子转眼成旧日子，新的一年叹息之间来了又走了。我们活在短暂的时空里。只因为活着，生存着，就像船不停地来来回回开动着。有了身体这艘船，我们可进可退，可驶往人潮，也可退出江湖。

　　我喜欢我的身体，因为他像一艘船。每天醒来，他把我驶到楼下，取出信箱里的报纸，顺手将羊奶也带上楼，就着灯光将报纸摊在早餐桌上——一个世界立即展现在我眼前。报纸把世俗人心的温度传染给我，有时感觉温暖，有时整颗心开始淌血。

　　我，一艘航行了六十年的老船，想着我的生命、生命中的偶然必然茫然。四周不断有新的生命涌来，纸船、小帆船、独木舟……新人类是多么勇敢，他们什么也不准备，一样和我们并肩前行。我看着前面的大轮船，多么庞大的身躯，在汪洋中载浮载沉。当年初航的勇猛，显然风一般地消逝了，他踽踽独行，还能在这逆风冷雨的海上支撑多久呢？】我知道答案。b.【人生的收尾还会有什么好戏？他最后会沉没，我也会沉没，随后赶来的独木舟、小帆船和纸船——都会沉没】。但是我们怕什么呢 c.【历史会记载我们的航程，虽然历史也将沉没，沉没才是这个世界最后的命运。

　　因因宝宝，你是一艘什么船？汪洋大海一片，为什么我们竟然撞上了？噢，两艘撞在一起的船，是喜剧还是悲剧？或是悲剧之后的喜剧，喜剧之后的悲剧？人类还能演出悲悲喜喜、喜喜悲悲之外的什么剧呢？

噢，什么荒谬的悲喜剧全都出笼了。在这个号称后现代的末世代，人咬狗已不是新闻，人变狗或许才是新闻。用身体的船继续向前航行吧。活着，就可欣赏光怪陆离的世界，看尽光怪陆离的现象。这是人性大解放的年代。地府天宫想象不出的情节，魔术师全为我们变了出来。声光视听，更是国际水准。谁的魔术变得巧，谁就是这个世界的王。

我望着阳台上一双又一双的鞋，这些像船一样的鞋，它们载我行过大街小巷，让我成为城市的眼睛。我们的城在春夏秋冬里老了，我们的城也因为春夏秋冬而年轻。许多遗忘的老历史被翻陈了出来，另一些新绿，却盖上了黄土】。这会儿的羞辱，曾经也是人们欢呼过的荣耀。一棵树的茂盛、憔悴，原来就是一座城的故事。

d【我的身体是我的船。二十年前，我就扬帆远航，越过太平洋。我也曾徜徉地中海，更游历了巴黎的母亲——塞纳河。】不要对这世界抱怨，这世界一直是美丽的。我们要为自己活着骄傲，要为活在当代感到荣幸。e.【特别是，我们活在中国，险象奇象且有点异类的中国，一个古老又绝对新鲜的国家——透过五千年历史文化，我们看到自己国家龌龊的和龙飞凤翔的一面】。人要愈活才愈知道，世间的真相其实不容易看到。人是矫情的，城市是矫情的，连我这艘船也是矫情的，不是吗？我们从来不曾赤裸着站出来。有谁看过原木船？不管是什么材料的船，都要上漆。上漆是对船身的保护，穿衣也是。我们用衣服保暖，也用衣服和朋友保持距离，保持我们的尊贵。

f.【而你，因因宝宝，我们是赤裸的，我们用赤裸的身体相互取暖，两艘纠缠在一起的船。我们飘浮在海洋，我们是两块原木，可以互相拆解，也可以拼装合成一艘船。

一艘船，一艘愚人船，这世上数以亿计的愚人】。可笑的是人人都自以为不凡，自以为是美少年、美人儿。其实，我们一点儿也不美、不年轻。g.【所有年轻的、气盛的、自恋自傲的，让生命继续往前走三十年。三十年的光阴，在亿万年的时空里，只是眼眸一眨，而你已经老了】。对着镜子谁都可以瞧瞧自己，皱纹一横一画地长出来。眼袋有没有，每个人心里都有数。h.【身体这条船，如此不堪一击。脆弱是你的名字，摇晃在茫茫人海。人啊人，可怜的是人人只望见别人的老，别人的丑，从来不曾想到自己也是愚人船上群愚之中的个愚。

你说你是一艘船吗？你航进了漆黑的世界，你是在黑夜的海上。】光亮，在世界的另一端，日与夜连贯着。i.【我身体的船，用睡眠衔接太阳与月亮的换班游戏】。世界的彼端，开着一片美丽鲜花，大地欣欣向荣。j.【成长着的年轻人，眼前除了希望，还有梦，你不做梦吗？你这艘老船，你忘了自己曾经年轻。地球是圆的，时间也是圆的。你的船旧了、破了、沉了，新的船一艘又一艘正在进行他们的初航】。何况，这世间多的是不老的老人，不是吗？你听谁说过圣诞老公公老了？老人不是永远围在我们四周吗？k.【这世界从来没有缺少过老人，也就永远会有自称像船一样航行着的老身体，以及老牛老马老公鸡，以及老钟老鞋老冰箱，还有老婆和老情人。让老的和老的涂上微笑的漆，也漆上希望和梦。让一艘艘慢慢行驶着的老船，全身上下都闪出光亮。

我想飞，我的身体挂满了零件，我飞得起来吗？我必须提醒自己只是一艘船。如果青春靠紧我的身体，我想，自己会是一艘飞船，可以飞得起来的。可惜，贪心让我挂满零件，我的身体成为一座欲望之城。

让城，坍塌吧，恢复我为一艘船。我喜欢自己的身体像一艘船，甚或只是一叶轻舟。我要趁自己还能动的时候，游历这个世界。

因因宝宝，请携手与我同行。】

（《读者》2012 年第 9 期）

例（13）充满了丰富的隐喻语言，是一个隐喻式篇章。整个文章中分布了 11 个隐喻簇，分别用小写字母 a、b、c、d、e、f、g、h、i、j、k 标记，由于该文本隐喻簇较多，此次不采用斜体或粗体字标记，而采用【】符号来标记隐喻簇的起始和结束，文中的隐喻语言以着重号标记。例（13）围绕结构隐喻"人生是在海上旅行"和从这一根隐喻派生出的"身体是船"两个篇章隐喻展开，参与构建这一篇章隐喻的喻体包括"航行""航道""飞船""轻舟""飞""初航""行驶""前进""后退""打转""上漆""漂浮""拆解""合装""徜徉""载浮载沉"等。行文过程中，又涌现了"身体是机器"如"身体挂满了零件""身体是欲望的城市"如"让城坍塌吧"和"人生是戏"如"悲剧""喜剧""悲喜剧""天宫地府想象不到的情节"等只活跃于局部语篇的概念隐喻。一言概之，由篇章隐喻"人生是在海上旅行"和"身体是船"架构的隐喻式篇章例（13）中分布了 11 个隐喻簇。

例（12）和例（13）均为由篇章隐喻架构的隐喻篇章。事实上，这类篇章在语料中属于极个别的例子。请看例（14）：

（14）这间"上帝小屋"既不是商店，也不是酒店，更不是祈祷的教堂，而是帮助顾客决定人生方向。令人奇怪的是完成这一切的是一台名叫"上帝"的机器。（《读者》2012年第2期）

例（14）包含一个由结构隐喻"人生是旅行"派生而来的隐喻喻体词项"方向"，属于隐喻式篇章，然而由于喻体词项数量只有一个，例（14）不是隐喻簇。

三　隐喻簇与博喻

隐喻簇是语言学视野内提出的语言现象，是依据邻近语篇中隐喻喻体个数而定义的；博喻是修辞学视野内的修辞格，专指多个喻体对一个本体从多角度反复设喻的比喻类型，是从本体、喻体和喻底三者之间的关系出发进行定义的，又被称为"连贯比"、"联珠比喻"和"复喻"。① 两者是在语言研究的不同领域提出的语言现象。然而，隐喻簇与博喻存在着交集。博喻涉及在邻近语篇中通过多个喻体来说明同一个本体，因此是隐喻簇的一种构成方式。请参考例（15）：

（15）我们的笔墨，有时应该像怒潮奔马那样的豪放，

---

① 刘焕辉：《修辞学纲要》，百花洲文艺出版社1997年版，第261页。

有时又要像吹箫踏月那样的清幽；有时应该像冬冬雷鸣的战鼓，有时又应该像寒光闪闪的解剖刀。（秦牧《北京漫笔·散文创作谈》)）①

例（15）是一个博喻语例。在例（15）中，作者通过"怒潮奔马""吹箫踏月""冬冬雷鸣的战鼓""寒光闪闪的解剖刀"四组喻体词项短语来喻指同一个本体"笔墨"。

如本章例（13）中也包含多个博喻语例：

a. 四周不断有新的生命涌来，纸船、小帆船、独木舟……新人类是多么勇敢，他们什么也不准备，一样和我们并肩前行。

b. 他最后会沉没，我也会沉没，随后赶来的独木舟、小帆船和纸船——都会沉没。

c. 噢，两艘撞在一起的船，是喜剧还是悲剧？或是悲剧之后的喜剧，喜剧之后的悲剧？人类还能演出悲悲喜喜、喜喜悲悲之外的什么剧呢？

d. 噢，什么荒谬的悲喜剧全都出笼了。

e. 可惜，贪心让我挂满零件，我的身体成为一座欲望之城。

f. 让城，坍塌吧，恢复我为一艘船。我喜欢自己的身体像一艘船，甚或只是一叶轻舟。

g. 特别是，我们活在中国，险象奇象且有点异类的中

---

① 刘焕辉：《修辞学纲要》，百花洲文艺出版社1997年版，第261页。

国，一个古老又绝对新鲜的国家——透过五千年历史文化，我们看到自己国家龌龊的和龙飞凤翔的一面。

以上例句以 a、b、c、d、e、f、g 重新依序编号，这些句子中涉及博喻的喻体词项以着重号标记。a 句和 b 句包含了由"身体是船"衍生而来的"身体是纸船""小帆船""独木舟""轻舟""大轮船"多个概念隐喻，以"船"这一上位范畴下的不同子范畴来对同一个本体"身体"进行反复设喻，揭示身体种类的丰富性、复杂性，并进而指代人与人之间的区别。c 句通过"悲剧"和"喜剧"两个角度来对"人生"进行设喻，揭示"人生"有苦有乐。d 句通过喻体"悲喜剧"和"出笼"来从不同角度构建本体"人生"，即"人生是戏"和"人生是刚出笼的食物"。e 句通过"零件"和"欲望之城"两个喻体对本体"身体"进行隐喻投射，支配这两个隐喻投射的概念隐喻分别是"身体是机器"和"身体是被欲望充满的城市"，揭示了人的物理属性和精神属性。f 句通过喻体"城""坍塌"和喻体"一艘船""一叶轻舟"对本体"身体"进行反复设喻，构建了"身体是城市"和"身体是船"两个概念隐喻，揭示了人性的多面。g 句通过两个不同始源域"龙"和"凤"对目标域"祖国"进行连续映射，描述"祖国"曾经的繁荣昌盛。以上例句都是博喻，同时也构成了语境下特定隐喻簇的一部分。

然而，博喻[①]只是构成隐喻簇的方式之一，隐喻簇内喻体与

[①] 需要特别指出的是，魏纪东（2006，2010）将博喻等同于 Werth（1994）提出的"可以延伸至整个语篇从而取得复杂概念效果"的"由在根隐喻的基础上衍生出（接下页）

喻体之间的关系、喻体与本体之间的关系类型繁多，并不只有多个喻体对同一个本体反复设喻这一种。关于隐喻簇内部喻体与本体之间的映射关系类型，第四章第四小节在探讨隐喻簇的分类时将有更详细的论述。

（接上页）的一系列相关子喻体（micrometaphor）合建"的 megametaphor（魏纪东，2009：26），并将英语术语 megametaphor 译作汉语的博喻。这样一来，博喻的定义被进一步拓展了。然而，根隐喻（root metaphor）这一术语源自莱考夫（1980）对结构隐喻的阐述，莱考夫认为结构隐喻是由根隐喻的系统派生构成的，即由根隐喻的始源域内一系列喻体向根隐喻的目标域内一系列本体进行结构映射构成的，根隐喻是这一系列本体和喻体之间跨域映射生成的母体。譬如，"辩论是战争"便是一个根隐喻，这个根隐喻的系统派生，形成了"唇枪舌战"、"不可开交"、"一语中的"等一系列子隐喻。也就是说，结构隐喻并非通过多个喻体对一个本体反复设喻，而是通过由一个根隐喻派生而来的多个喻体对相应的多个本体分别进行设喻。这与博喻是截然不同的设喻方式。博喻是多对一进行设喻，而结构隐喻则是多组一对一进行设喻。因此，将博喻等同于 Werth 提出的 megametaphor，并将结构隐喻纳入博喻的范畴，是值得商榷的。

第四章 隐喻簇的结构、功能与分类

本章在前一章的基础之上，对隐喻簇的结构、认知功能和分类框架进行阐述，共分为四节。第一节介绍隐喻簇在语料库中的存在频率，第二节对隐喻簇的语义结构和句法结构进行归纳与描述，第三节系统阐述隐喻簇的认知功能，最后一节提出隐喻簇的分类框架，并对隐喻簇的主要类别混杂隐喻簇进行了初步探讨。

第一节 隐喻簇的频率

以英语为语料的实证研究已经表明，自然语言中大部分的英语隐喻语言都是以隐喻簇的形式存在的（Corts，1999，2006；Kimmel，2010）。那么，隐喻簇也会如此广泛地存在于现代汉语的书面语言中吗？

通过语料库的定量统计，第一期语料库中隐喻簇占隐喻语言的 87.7%（见表 4-1），在第二期语料库中隐喻簇占比为 83.8%（见表 4-2）。这一数据证实，隐喻簇现象并非英语特有，它在汉语隐喻语言中同样普遍存在，而且占据非常重要的地位。① 这为隐喻簇的普遍存在性增添了新的证据。

表 4-1　　　　　　　隐喻簇的频率（第一期语料库）

喻体词项个数	包含该喻体词项个数的隐喻簇总数	该喻隐喻簇占隐喻簇总数比
2	26	19.1%
3	29	21.3%
4	23	16.9%
5	10	7.4%
6	10	7.4%
7	9	6.6%
8	7	5.1%
9	11	8.1%
10	2	1.5%
11	3	2.2%
12	3	2.2%
隐喻簇总数	136（87.7%）	
隐喻语言总数	155	

表 4-2　　　　　　　隐喻簇的频率（第二期语料库）

"人生"隐喻语料中隐喻语言单位总数	"人生"隐喻语料中的隐喻簇总数	隐喻簇占隐喻语言比
327	274	83.8%

从语料库数据还可以看出，多个喻体词项共存是隐喻簇最主

---

① 但该数据明显高于 Kimmel（2010），究其可能原因有三：一是其以报刊中涉及欧盟的政治类话题的文章为语料，隐喻出现的可能性低于以文学作品为主的《读者》；二是其所选择的"欧盟"相关目标域构成跨域映射的能力远低于"人生"；三是其将普遍存在的本体隐喻和方位隐喻排除在语料范围之外，降低了隐喻簇出现的几率。但总体而言，本研究与 Kimmel（2010）等人的研究结果都一致表明，隐喻簇是隐喻在自然语言中的主要表现形式。

要的语言特征。笔者通过人工编码，从第一期语料库中获得了7898字的"人生"隐喻子语料库。然后对子语料库中喻体词项个数进行了逐一手工编码和标注。结果显示，在第一期隐喻簇语料中，喻体词项最少为2个，最多为18个，其中含有2—3个喻体词项的隐喻簇占总体的40%，含4—6个喻体词项的隐喻簇占总体的32%，含7—9个喻体词项的隐喻簇占总体的19.9%，只有8.1%的隐喻簇拥有10个以上的喻体词项。以下是语料库中部分隐喻簇示例：

（1）他痛定思痛，决定转换人生跑道。（2012年第23期）

（2）整个楼层，越往上越寂寞，越往下越幸福。这固然是时间的规律，无人幸免，却又何尝不是我们自己的选择？（2012年第23期）

（3）虽然每每筋疲力尽到近乎虚脱，可让郝执一走进人群是让他走出自闭的必经途径。（2012年第21期）

（4）一个将万水千山都走遍的人，却一生寻找不到灵魂的家园。只有死亡，才是她最后的归宿。（2012年第21期）

（5）十年秘书生涯，他曾奋力将巨石推上山巅，也一度在重压之下抑郁失语。（2012年第22期）

（6）如果一条路走不通，要毫不犹豫的换一条路，不要沉没成本而继续做无用功。（2012年第21期）

（7）学识广博、内心慈悲、言语锋利的他，那么希望你在学业、事业及个人修为方面少走弯路，可以"人尽其才"，但他们的表达再温厚婉转，亦令人难以接受。（2012年第22期）

（8）他的前半生是姹紫嫣红开遍，饱满如繁花盛开的春天；他的后半生仿佛一位大家的山水画，山寒水瘦，素洁、安然。（2012年第21期）

第二节　隐喻簇的结构

一　语义结构

隐喻簇的语义结构特征主要有两个：多喻共存和语义冲突。

（一）多喻共存

隐喻簇是隐喻语言在邻近语篇中的共现，其最主要的语义结构特征就是多个隐喻喻体集中涌现，共同建构一个局部语篇。如：

（9）所谓人生与生命，不过是一个又一个这样的坎儿，它们颠颠簸簸连绵延展着通向那个终点，在彻底否定了一切乐感哲学的同时，唯一印证的只有四大皆空的佛陀智慧。这佛的教训，是那般的空灵、冲淡而又深重无比，无法回避，也没可能跳越。你来了，我来了，赤条条、光脱脱地无选择地来了，就得受着，一直到那个终点，那个生命的最为盛大的节日。（《读者》2012年第5期）

例（9）是由多个隐喻共同构建的一个意群。隐喻喻体词项"坎儿""颠颠簸簸""连绵延展""通向""终点""来"等共同构建了从结构隐喻"人生是旅行"派生而来一系列隐喻，包括

"人生的不好经历是旅途中的坎儿""应对不好的经历是颠颠簸簸连绵延展的道路""死亡是旅途的终点""出生是来到旅途上"。人生最重要的内容是经历，最重大的事情莫过于生死。对生死的超脱，对经历的释然，正是佛家所崇尚的空。例（14）通过将始源域"旅途"中的要素"坎儿""终点""来""去"等向人生目标域中的相应要素进行隐喻映射，以生动的意象阐述了人生无常、生死无常的道理，进而为语篇中"四大皆空的佛陀智慧"这一论点增添了说服力。

（二）语义冲突

语义冲突是隐喻的重要特征。隐喻是通过 A 事物来理解 B 事物的认知机制（Lakoff，1980），然而，A 事物本质上与 B 事物是截然不同的事物。A 事物与 B 事物之间的共性是隐喻得以生成和理解的基础，而 A 事物与 B 事物之间的差异性则是语义冲突产生的源泉。在实际的语言理解过程中，尤其是对于一些新奇隐喻，正是语义冲突的存在提示我们隐喻的存在。而对于一些规约程度较高的隐喻，由于喻体和本体之间的联系已经十分紧密，有的甚至已经被词汇化，使得我们在语言加工时感受不到语义冲突。隐喻簇作为隐喻语言的集合单位。相应地，其语义结构也存在多组始源域与目标域之间的语义冲突。

（10）人生需要留白。那些人生的留白，让你看起来更为丰富。一个会布局的人，永远不会把人生塞得太满。（《读者》2012 年第 17 期）

在例（10）这个隐喻簇中，"留白"是中国画的重要技法和特色。所谓留白,即在白色的画纸上留出空白之处。由于传统中国画多以山水为主题,以泼墨写意为方法,恰到好处的留白可增加想象空间,渲染意境(如图4-1)。

图4-1 中国画中的留白

而"人生"则是一个抽象概念,它指人从出生到死亡的整个过程,以及过程中的衣、食、住、行、劳动、娱乐等所有活动,如《左传·襄公三十一年》:"人生几何,谁能无偷?朝不及夕,将安用树?"叶圣陶《隔膜·苦菜》:"劳动是人生的真义,从此可得精神的真实的愉快。"在例(10)的第一个句子"人生需要留白"中,当主语"人生"与宾语"留白"以"需要和被需要"的逻辑关系进行意义整合时,"留白"与"人生"认知域之间格格不入的语义冲突使得读者自发地开启隐喻的认知策略对其进行解读,并建构了"人生是画"的结构隐喻。通过"人生是画"这个结构隐喻的桥梁,喻体词项"留白"与本体词项"人生"之间的语义冲突得到解决,隐喻意义得以实现。同样,在例(10)的第三个句子中词语"布局"可以指绘画中的空间设计,也可以指棋子的分布态势。不论是"人生是画",还是"人生是棋",都是潜在的概念隐喻选择。在已被激活的"人生是画"这一结构隐喻的指导之下,喻体词项"布局"与"人生"认知域的语义冲突通过选择认知域"画"得到解决,并生成相应的隐喻意义,即人生的规划与安排。与"留白"这个新奇隐喻相比,喻体词项"布局"规约程度稍高,与"人生"的语义冲突不如"留白"那么强烈,而喻体词项"塞得太满"与"人生"的语义冲突则更弱。喻体词项"塞得太满"构建的是一个"人生是容器"的规约性极高的实体隐喻,这也是造成语义冲突较弱,甚至部分读者察觉不到语义冲突的原因。语义冲突是一个有强弱差别的连续统,语境、个人百科知识结构、社会文化差异都影响着受众对隐喻语言中语义冲突的感知和理解。从这个角度来看,隐喻簇也可以看作是一个由强弱不均的语义冲突点串成的语义冲突链,或者语义冲突在局部语篇中的集中爆发。

二 语篇结构

隐喻簇的语篇结构特征共有四个:不平衡分布、邻近语篇、成簇共现和长度多变。

(一)不平衡分布

隐喻簇不平衡地分布于语篇中,它们有时几乎完全缺席,有时又突然爆发(Cameron, 2003: 334)。隐喻簇的不平衡分布,以及它的突然爆发使得隐喻簇成为许多学者眼中有趣的语言现象,并试图探究其背后的原因(Cameron, 2003; Corts & Meyers, 2002; Corts & Pollio, 1999; Low, 1997)。下面,以《读者》2012 年第 23 期刊载的文章《陀螺与风车》为例,考察隐喻簇在语篇分布上的结构特征。

(11)

《陀螺与风车》

①【那天，听一位初识的朋友谈他的心路历程。】

他曾身居高位而日理万机，有一天心血来潮，要求孩子为他预写一则"祭文"，因为在新加坡中文水平江河日下且仍在继续下滑的情况下，他担心孩子在他百年之后写出错别字连篇的祭文，贻笑大方。他说："写好收着，才能安心瞑目呀！"

万万想不到，孩子的"祭文"才写了几句，他便喊停了。②【他心重如铅地说道："真的读不下去啊！"】

"祭文"是这样写的："我的父亲去世了，可是，我对他了解不多，因为他生前把所有的精力都奉献给工作了，很少有时间和我相处……"

③【句句属实，但字字宛如芒刺，犹如刀尖，直捣心窝。

他痛定思痛，决定转换人生跑道。

没了权力，少了收入，但是，赢得了完整的感情世界。如今，父子俩谈笑风生，宛如知己。跳出了原来的桎梏，回首前尘，才发现过去叠床架屋的繁琐行政和惊涛骇浪的人事倾轧，对于精神而言其实都是一种无形的折磨。

孩子的"祭文"，让他在人生道路上做了一个美丽的U形转。

U形转之后，才豁然发现眼前的风景居然绮丽如斯。】

曾读过一则韵味无穷的短文，大意是说一位年轻人在赶去会晤老禅师的路上，看见一头牛被绳索拴在树上，周遭是一览无遗的丰饶草原，牛儿想去吃草，可是，转来转去，却怎么也无法挣脱那道绳索。年轻人见到老禅师后，劈头便问："什么是团团转？"④【老禅师云淡风轻地说："皆因绳未断。"老禅师一语中的，年轻人瞠目结舌。老禅师微笑着说："你问的是事，我答的是理。你要谈的是牛被绳缚而脱身不得的事，我想讲的却是心被俗务纠缠而不得超脱的事，一理通百事啊……"】

在上述短文里，有几句醍醐灌顶的话："因为一根绳子，风筝失去了天空；因为一根绳子，牛儿失去了草原；因为一根绳子，骏马失去了驰骋。"

那么，在俗世里，绳子指的是什么？金钱？权力？欲望？是，都是。

众人为了它们，东西南北、上下左右，团团打转。⑤【天空辽阔，他们却没有翱翔的自由；大地无垠，他们却没有遨游的时间。因为一根绳子，他们典当了亲情；因为一根绳子，他们押上了整个人生。

然而，尘世中还有一种情况，比这更不堪。身怀理想的人，为稻粱谋而被一个犹如粗绳般的庞大机构紧紧地拴着，没完没了的行政杂务排山倒海，毫无用处的冗长会议天天重复，人就像一只陀螺，在原地团团打转，却又不晓得是为了什么而转，转啊转的，转得身心俱疲。美丽的理想在大小绳索的重重捆绑之下，尚未好好发展，便已夭折。为了工作，他们典当了亲情，他们押上了自己的人生，最终却是竹篮打水，一无所得。

高瞻远瞩的主管，是不会让下属当陀螺的，他会鼓励下属变成风车。】风车和陀螺一样，也在不停地转，但是，风车在转动的当儿，也淋漓尽致地发挥了强大的作用。在荷兰，风车除了用来排水之外，还同时有榨油、锯木、灌溉、研磨农作物等用途。人，不也一样吗？⑥【如果人生方向明确而又碰上能够让自己发光发亮的主管，纵然是被"捆绑"于一个机构，人生的意义依然可以很好地彰显。

千里马需要的是伯乐，遗憾的是，大部分主管想要的却是陀螺。】

(《读者》2012年第23期)

在例（11）中，共有成簇涌现的隐喻簇6个，均以【】标记边界，并以①—⑥的序号依次标记，文中的隐喻喻体词项以着重号标记。通过对隐喻簇的标记，可见隐喻簇不平衡地分布于语篇之中。有些隐喻簇从段落的第一句开始涌现，如①和③；有些隐喻簇从段落的中间开始涌现，如②、④、⑤、⑥；有些隐喻簇在段落的结尾自然结束，如②、③、④、⑥；有些隐喻簇在段落的中间结束，如①和⑤；有些相邻隐喻簇之间相隔仅两行，如①和②；有些相邻隐喻簇之间相隔三行，如②与③、③和④、⑤与⑥；有些相邻隐喻簇之间相隔4行，如④和⑤。这些隐喻簇在语篇中的分布结构毫无规律可言，极不平衡。

隐喻簇的这种不平衡分布的特征，与隐喻簇的涌现性和或然性是密不可分的。隐喻簇的涌现性意味着隐喻簇事件是写作者或说话者在语篇或话语建构过程中突发生成的，隐喻簇的或然性意味着隐喻簇事件的发生是不可预测的，很难根据之前的隐喻事件预测语篇的什么地方会出现隐喻语言的爆发。语篇和话语的建构过程是一个复杂的动态系统建构过程，随着思路、意图、随机诱导因素的出现和改变，作者和说话者不断实时调整自己的行文或说话策略。诚然，结构隐喻的激活在语篇中倾向于诱导隐喻簇的出现，如③和⑥中的"人生是旅行"隐喻和⑤中的"人生是赌博"隐喻。结构隐喻由于结构映射丰富，容易通过启动效应，激活说话者或写作者头脑中的成串喻体词项。然而，这依然不能完整解释隐喻簇的不平衡分布，因为我们作为释话者并不知道何种结构隐喻会于何时涌现，更何况，隐喻簇中还有众多隐喻并非衍生自结构隐喻，如文中"字字宛如芒刺，犹如刀尖，直捣心窝"这样非结构性的概念隐喻，以及文中的四字隐喻"心重如铅""心路历程""叠床架屋""醍醐灌顶""竹篮打水""排山倒海""心血来潮""江河日下"等，很大程度上与个人的语言知识储备及行文偏好相关。

（二）邻近语篇

隐喻簇的隐喻喻体词项分布在邻近语篇中，可以是在同一个从句中，也可以是在同一个复杂句的不同从句中，还可以是在前后紧邻的句子中。

同一个从句中，如：

（12）著名作家柳青说："人生的道路虽然漫长，但紧要处常常只有几步。"用在这儿，则可以说："人生的道路虽然漫长，但紧要处常常只有几分钟。"（《读者》2012年第16期）

（13）黄永玉后来写下了很多关于沈从文的文字，这两

个相差 22 岁的表叔侄的不同人生轨迹也映照了那一时代知识分子的艰难历程。(《读者》2012 年第 13 期)

同一个复杂句的不同从句中,如:

(14) 很多新的人生正徐徐展开,像蝴蝶试验它们的翅膀。(《读者》2012 年第 12 期)

紧邻的句子中,如:

(15) 人生一世,如苍鹰翱翔。血性与宽容,就是苍鹰的两只翅膀——不争,不足以立世;不让,不足以成功。懂得争与让的真谛,才让古龙一生翱翔苍穹。(《读者》2012 年第 10 期)

(三) 成簇共现

隐喻簇是相对密集涌现的隐喻语言的集合,其喻体词项呈现出成簇共现的状态。

首先参考一个不是隐喻簇的例子:

(16) 在上述短文里,有几句醍醐灌顶的话:"因为一根绳子,风筝失去了天空;因为一根绳子,牛儿失去了草原;因为一根绳子,骏马失去了驰骋。"

那么,在俗世里,绳子指的是什么?金钱?权力?欲望?是,都是。

众人为了它们，东西南北、上下左右，团团打转。(《读者》2012 年第 23 期)

例（16）是例（11）中的一个非隐喻簇隐喻语言集合单位。在例（16）中零星地散落着两个隐喻，第一段中的"醍醐灌顶"和最后一段中的"团团打转"。喻体词项"醍醐灌顶"构建了"充满智慧的短文如同营养丰富的醍醐灌在头顶"的概念隐喻，喻体词项"团团打转"构建了"人们对金钱、权利和欲望的追求就像围着物体打转一样晕了方向"。尽管这段文字里出现了两个隐喻，却并不是一个隐喻簇，因为这两个喻体词项之间间隔了多个不包含隐喻的句子，并未形成成簇共现之状。

再参考以下例子。在以下隐喻簇中，隐喻喻体呈现出成簇密集共现的状态。

（17）人生"滚球"如路途平坦还比较容易长久，但一遇坎坷，捏起来的"球"的粘合力就会受到考验，途中还有大量的半球诱惑，往往这半球磁性还大，大部分的球都是在坎坷和诱惑中裂开的，怎样保持男女双方的直径尽可能地统一是爱情马拉松的课题。(《读者》2012 年第 10 期)

（18）然而，遗憾的是，人们往往无奈地发现，现实本身就是一个麻匪，悄然劫持了我们的人生，然后静待我们用青春的激情和余生的努力去积攒赎金，当我们步履维艰甚至匍匐着接近交易地点，结果，他撕票了。(《读者》2012 年第 10 期)

（四）长度多变

隐喻簇是隐喻语言在邻近语篇中的爆发。隐喻簇的长度代表着隐喻在邻近语篇中的持续爆发力。隐喻簇的长度，即隐喻的语篇爆发力，具有多变性的特点。隐喻簇可以是简单句、复杂句、多个句子、段落、多个段落，甚至偶尔也会出现涵盖整个篇章的情况。比如在例（11）《陀螺与风车》这篇文章中有些隐喻簇仅一句，如②；有些隐喻簇则横跨两个段落，如①；有些隐喻簇则横跨数段，如③和⑤。

隐喻簇的长度是有程度之分的，并不总是千篇一律。有时候，它只是微弱地爆发一下，在一个简单句中多个隐喻喻体突然涌现。但是，随着简单句的结束，隐喻不再持续。如：

（19）人生的圆满比某个时段的出彩更为重要。（《读者》2012年第13期）

（20）他心重如铅地说道："真的读不下去啊！"（《读者》2012年第23期）

简单句隐喻簇在语料中比例较小，较为常见的是复杂句隐喻簇。此外，还有由多个句子构成的段落隐喻簇和跨段落隐喻簇。

复杂句隐喻簇，如：

（21）后来，新华社播发梁漱溟的生平，文章标题即是"三军可以夺帅，匹夫不可夺志——梁漱溟走完百年人生旅程"。（《读者》2012年第16期）

（22）不要剥夺孩子走弯路的权利，对漫长的人生而言，

那条弯路上的风景,也许更美。(《读者》2012年第24期)

段落隐喻簇,如:

(23)Semantha 说,她没有权力去阻止儿子走弯路,但是她有能力站在弯路的尽头,等着他,用自己的爱去抚慰他,让他有勇气去选择正确的路,让他得到教训之后还能觉得自己很幸运、很幸福。没有不走弯路的人生,就像没有不跌倒就长大的孩子,在孩子跌倒时等他站起来,给他继续行走的鼓励和信心,这才是家长应该且需要做的啊。(《读者》2012年第24期)

(24)这一切在我眼前清晰可辨,我当然会心痛,但是我知道,她不会抱怨,她会在每一点艰辛后面积极寻找幸福的踪迹,因此,她的人生是完整的。如果她感到这样的生活很幸福,那么这条路对她来说就是正确的。如果她觉得不幸福,她自然会走回来,我又何必多此一举?(《读者》2012年第24期)

跨段落隐喻簇,如:

(25)天空辽阔,他们却没有翱翔的自由;大地无垠,他们却没有遨游的时间。因为一根绳子,他们典当了亲情;因为一根绳子,他们押上了整个人生。

然而,尘世中还有一种情况,比这更不堪。身怀理想的人,为稻粱谋而被一个犹如粗绳般的庞大机构紧紧地拴着,没完没了的行政杂务排山倒海，毫无用处的冗长会议天天重复，人就像一只陀螺，在原地团团打转，却又不晓得是为了什么而转，转啊转的，转得身心俱疲。美丽的理想在大小绳索的重重捆绑之下，尚未好好发展，便已夭折。为了工作，他们典当了亲情，他们押上了自己的人生，最终却是竹篮打水，一无所得。

高瞻远瞩的主管，是不会让下属当陀螺的，他会鼓励下属变成风车。（《读者》2012年第23期）

除了上述长度的隐喻簇之外，隐喻簇有时还可能覆盖整个篇章。但篇章隐喻簇在自然语言中是较为罕见的，可参考第三章例（12）《人生的五个短章》。这篇由5个段落、共10句话组成的短文，只在标题中出现了目标域"人生"，正文中每个句子都是从始源域的角度来描写的，即每句话都包含隐喻喻体词项，贯穿整篇文章的始终，构成了一个经典的篇章隐喻簇案例。

第三节　隐喻簇的认知功能

隐喻簇作为一种广泛存在的语言现象，它为什么会时而销声匿迹，时而突然涌现？换句话说，我们在说话或行文过程中，为什么有时候需要生成隐喻簇？隐喻簇到底有些什么功能呢？

关于这个问题，一些学者试图回答。科特斯和波里奥（1999：81）通过对大学讲座话语的观察，认为隐喻的爆发主要具有两个交际功能：一是引导学生跟随讲课的结构和节奏；二是用于陈述和强调涉及重要讲课内容的新的观点。卡梅伦（2004：107 -

135）也通过对战争罪犯与受害者家属之间调解话语的实证考察，指出话语中隐喻簇的出现通常伴随着与核心交际意图密切相关的言语交际行为，包括说话者向另一方解释自己的观点，说话者套用另一方使用过的隐喻，或说话者采用隐喻的方式再次尝试描述曾经被另一方拒绝过的负面场景等。洛（2008：428）通过对英国三所大学的课堂讲座话语进行定量考察，同意科特斯和波里奥的观点，认为隐喻簇有助于组织讲座的结构，帮助说话者陈述自己的观点。上述学者，均以口头语言作为研究语料，旨在阐明隐喻簇的交际功能。基梅尔（2010：98）在总结前人观点的基础之上，提出隐喻簇在语篇中实现了三大功能：吸睛功能（attention-grabbing），执行功能（occur where the action is），连贯和活跃话语的功能（connect and dynamize the discourse）。

本书以较文学性的书面语言为语料，基于笔者选取的语料的特色，从认知的角度出发，结合前人的研究观点，笔者认为，隐喻簇的功能主要有三：高效的表达、语篇的连贯、意象与意境之美。

一　高效的表达

隐喻是人类心智进行理解和推理的重要认知机制。隐喻簇通过在概念层面调用"多个隐喻共同协作，使得意义的表达更为高效"（Kyratzis，1997：119）。

（一）心理活动

我们常常在体验到某些事物之后，产生内心的感受或联想。这些心理活动是存在于我们头脑中的抽象、复杂思维，个人体验性极强，常常让我们感到"难以言说"，甚至让我们感慨语言的

"苍白"。

隐喻本身就是一种联想式思维。从始源域到目标域的跳跃，就是通过从一事物到另一事物的联想而促发的。通过隐喻式联想使我们通过一个具体生动的始源域，来表达内心抽象复杂的心理活动，以使听者或读者更为感同身受，因而更有效地接收到自己想要传达的讯息。

（26）看到雅鲁藏布江的源头历经种种曲折，义无反顾地奔涌向前，不由得生出许多联想。【人生就是一条小溪奔涌入大江大海，保持一颗童真的初心，也就是像小溪那样清新、机警和柔软，没有过去的重负压肩，也没有挑选一处避静港湾的冲动，显示着无限的能量。我分明听到老娘在说：无我的悲悯心是无限能量的富矿，而单纯质朴的心灵就是开启这个富矿的金钥匙。】顿悟到这一层，哀痛的心悄然消失，娘常驻我的心灵。（《读者》2012年第17期）

（27）我的泪滚滚地落下来，不知为什么，透过一千年多年前的语言，我们反而狭路相逢。（《读者》2012年第21期）

（28）他的梦幻一开始就具有悲剧的冲突，他从遥远的彼岸走近我，却永远也达到不了我的此岸。（《读者》2012年第21期）

例（26）中，以下划线标记的"不由得生出许多联想"和"顿悟到这一层"这两个短语明确地向读者提示中间以【】号标记的文字为作者的感想。这段感想也正好是以一段完整的隐喻簇的形式涌现的。面对曲折向前、奔流不息的雅鲁藏布江源头，作者不由得联想到人生，人生亦需要勇往直前，哪怕自己身单力薄只是一条"小溪"，也要义无反顾地"奔涌入"人生的"大江大海"，并同时保持"小溪"所特有的"清新""机警""柔软"，"保持一颗童真的初心"，不再庸人自扰，"重负压肩"。就此，作者构建了一个"人生是小溪奔涌入江海"的概念隐喻。之后，作者又进一步将"小溪"一样的"我"所拥有的"无我的悲悯心"比喻为充满能量的"富矿"，将"我童真的初心"比喻为"开启富矿的金钥匙"。至此，作者通过三个概念隐喻层层递进的映射，将自己在"此情此景"下的感想表达得淋漓尽致，令读者亦仿佛置身于人生壮阔的激流中，产生强烈的共鸣。

而例（27）和例（28）中心理活动的表述虽然没有像例（26）中那样的明确的语言提示，但读者依然可以通过因果逻辑推知作者表述内心感想的部分。在例（27）中"泪滚滚落下来"是果，紧接着"不知为什么"暗示作者正在整理思绪，为陈述原因做好铺垫，继续紧接着的两个从句中，隐喻喻体开始涌现，"透过一千多年前的语言，我们反而狭路相逢"，指出了作者在那一刻的心理活动，即"我和父亲终于懂得了彼此"。在这里，作者通过"人生是旅行"这个结构隐喻所衍生出的喻体"狭路相逢"，将我与父亲的互相理解比作旅行途中的相遇。而"狭路"却以区区两字道出了作者作为女儿与父亲长期的矛盾和隔阂这一背景，而这在"狭路"下的"相逢"也正是作者为何止不住"泪滚滚落下来"的原因。"狭路相逢"四字以隐喻的方式，极其精炼却极其形象地描画了一个女儿与她深爱的父亲之间半世的埋怨与矛盾，那些埋怨和矛盾在那一刻融化为两行热泪，只留下一份暖暖的爱在心中。

例（28）表达作者在时隔几十年之后，面对千山万水来寻找自己的初恋情人的表白时内心的感想。作者将自己的万千思绪、千言万语通过"人生是旅行"这个结构隐喻，衍生出了"此岸"、"彼岸"、"到达"、"走近"等一系列喻体，通过"人生是戏"这个结构隐喻衍生出喻体"悲剧"，形象描述了作者此刻对自己与初恋情人之间的关系的想法。首先，"悲剧"一词为接下来的语言表述定下了基调，也暗示了自己心中的决定，接下来两个喻体词项"彼岸"和"此岸"瞬间将两者置于"河流的两岸"，拉开了两者的距离，也借此婉转地拒绝故人的情谊。在这一例中，作者通过恰当而简练的隐喻语言，准确而委婉地表述了作者面对故人时内心的感想。

（二）情绪

在面对人生的各种经历时，我们会自发地感受到喜怒哀乐。情绪是一种非常抽象的主观经验，有时甚至只可意会，不可言传，因此，我们常常借用隐喻的方式更形象化地表达情绪，如酸甜苦辣、怒火冲天、打翻了醋坛子、喜上眉梢、兴高采烈、心如止水等。通过隐喻簇的方式，以多个隐喻喻体从不同角度对情绪进行细致、细腻的描写，是文学作品中表达情绪的重要而有效的方式。

（29）我要慢慢品尝和享用，就像今天在我人至半百，去回味三年前我死去的大伯漫长的人生，至今我都还感到那糖果的甜味和人生命运无穷无尽的酸涩味。（《读者》2012年第19期）

（30）夜来香在窗下艳闻四播，一夜又一夜，我在不同

的人生恣情泅渡，一层层蜕壳。有时遍体生凉，有时五腑俱焚，有时竟伏案痛哭。(《读者》2012年第4期)

（31）反正是人生如梦，人生如梦，我今天戴来了，让她也看看。我的故事，就是这一段，人人都要经过这一番风雨。我就是这样走过来的，白居易写，相思始觉海非深…到了这个时候我才知道，海并不深，怀念一个人比海还要深。"(《读者》2012年第12期)

例（29）通过结构隐喻"人生是食物"派生出隐喻喻体词项"品尝""享用""回味""酸涩味"，表达了作者对生前十分偏爱自己、常常多给自己糖果吃的大伯父的思念和心中的忧伤。

例（30）描写的是作者舒婷读书时的精神和情绪体验。喻体词项"恣情泅渡"建构了"人生是河流"的概念隐喻，表达了作者"沉醉于书中，在书中纵情体验各种不同人生"的状态，喻体词项"一层层蜕壳"喻指作者在读书的过程中心灵的成长。喻体词项"五脏俱焚"通过"愤怒是火"的概念隐喻，表达了作者被书中的故事所激发出的愤怒情绪。

例（31）通过"人生是梦""人生是充满风雨的旅行"两个结构隐喻的铺垫，在结尾处以"怀念一个人比海还要深"建构起了"思念是水"的概念隐喻，表达了作者对病逝妻子的深深思念。

（三）评价

在对事物或他人进行评价时，也常常可以看到隐喻簇的身影。通过多个隐喻喻体的协作，使作者对于事物的评价更为形象地得到表达。

（32）别人的人生是在不断做加法，他却在做减法。人的每一种身份都是一种自我绑架，唯有失去是通向自由之途。所以查尔斯拒绝再做"丈夫"、"爸爸"、"朋友"、"同事"、"英国人"，他甩掉一个一个身份，如同脱去一层一层衣服，最后一抬脚，赤身裸体踏进内心召唤的冰窟窿里去。（《读者》2012年第4期）

例（32）是作者对"查尔斯"的一段评价。而这段评价正是以一个完整的隐喻簇的形式呈现的。作者通过"人生是加减法"、"人生是旅行"、"人的身份是自我绑架"、"人的身份是衣服"等一系列概念隐喻共同架构起了这段评价。评价是一种主观而抽象的心理衡量过程。作者通过"做加法""做减法""自我绑架""通向自由之途""甩掉""脱去一层一层衣服""一抬脚"，"赤身裸体"等一系列具体形象的隐喻喻体词项，使读者在脑海中浮现出一个生动的"崇尚简单自由，忠实于内心"的"查尔斯"形象。

（四）观点

我们还可以通过隐喻簇生动地表达自己的观点。观点是我们观察事物时所处的立场和出发点。独特的价值观和经历等百科知识决定了每个人在看待同一事物时有可能从不同的视角持有不同的观点，在很多情况下，立场和出发点都是主观内在的，很难为他人所感知。而隐喻簇则通过多个喻体协同工作，将抽象的观点目标域通过形象生动的始源域进行有效地建构。

（33）站在舞台上，被千万盏灯光照耀和死守着一盏灯，都同样要过。

人生，看你如何选择和被命运安排罢了。

（《读者》2012 年第 21 期）

（34）在通往成功的道路上充满了挣扎，这对谁都一样，唯一的区别在于如何应对它们。（《读者》2012 年第 21 期）

（35）或许这种人生有一点落寞，但是如能学会用落寞的心境来一次人生短暂的小憩，过往也就逐渐地被沉淀在心底了。（《读者》2012 年第 22 期）

（36）人生就是你身边睡着一只老虎，你会恐惧、逃避，如果你不知道这一切是幻象就成问题。你要骑在它上面，抚顺它的毛，人生的目的是要和老虎睡觉。（《读者》2012 年第 8 期）

人生观是我们对于人生价值和意义所持有的观点，抽象且具有强烈的主观个人色彩。例（33）—例（36）都试图通过隐喻簇的方式来形象地、有效地传递作者的人生观。

在例（33）中，作者在表达自己对于人生的思索时，基于"人生是戏"概念隐喻，通过"站在舞台上，被千万盏灯光照耀"和"死守着一盏灯"生动描绘了人生的两种选择，并进而提出了自己的对于人生的简介，即人生取决于"你如何选择和被命运安排"。

在例（36）中，作者用"老虎"来比喻人生中的困境，用"骑老虎""抚顺老虎毛""和老虎睡觉"来比喻征服人生中的困境。通过隐喻簇的方式，作者鲜明地表达了自己关于如何对待人生困境的观点，即困境只是一种幻象，人生的目标就是要征服困境。

(五) 总结升华

在文章的结尾处，也常常能看到隐喻簇的身影。作者通过多个隐喻喻体的共现，以丰富的跨域映射内涵、宏大的意境来总结全文，升华文章的主旨。

(37) 人生一世，如苍鹰翱翔。血性与宽容，就是苍鹰的两只翅膀——不争，不足以立世；不让，不足以成功。懂得争与让的真谛，才让古龙一生翱翔苍穹。(《读者》2012年第10期)

(38) 回首自己一生的历程，星云大师感慨地说："真像是夜晚的星星，光芒虽然弱小，但总是努力地闪耀；又像天上的白云，尽管漂浮不定，但是在无限的时空中，一颗颗星星，一片片白云，所结合起来的星云，却能够超越时空，亘古长存。"(《读者》2012年第22期)

例 (37) 和例 (38) 中两个隐喻簇均出现在文章的结尾之处，以隐喻意象的共现，渲染了语言的气势，提升和突出了全文的主旨。

如例 (37)，将古龙比作"苍鹰"，将自由写意的人生比作"翱翔"。文章以"翱翔苍穹"四字结尾，不仅烘托了古龙先生自由随性的真性情，同时也以隐喻的意象提升了全文的主旨，实为画龙点睛之笔。

在例 (38) 中，作者以星云大师自述的一段话作为全文的总结，而这段话隐喻喻体频现，是一段意味隽永、寓意丰富的隐喻簇。在这个隐喻簇中，星云大师以独特的人生智慧，将人比作夜空中光芒弱小却努力闪耀的星星，比作天空中漂浮不定的白云，将人与人的携手比作超越时空、亘古长存的星云。这段隐喻簇通过排比式的隐喻语言渲染了语言的气势，以星云之永恒烘托了生命之永恒，寓意无穷，在读者心中久久回味。

二 语篇的连贯

部分隐喻簇，尤其是由结构隐喻派生而来的隐喻喻体所构成的隐喻簇，因其具有内在连贯的隐喻语义链条，故在局部语篇能起到连贯上下文的功能。归纳起来，隐喻簇的语篇连贯功能主要是通过喻体的重复、喻体的衍生和主题的呼应三种方式实现的。

（一）喻体的重复

隐喻簇可以通过同一个喻体在上下文的重复出现实现局部语篇的连贯，如：

（39）此后，离别故土漂泊海外的岁月，她成了没有根基的浮萍，只有将生活的孤苦与辛酸都一一咽下。除了咽下，又能怎样？（《读者》2012年第21期）

例（39）中的隐喻簇由两个句子构成，在第一个句子中，隐喻喻体"苦""辛酸""咽下"建构了结构隐喻"人生是食物"，通过"咽下孤苦和辛酸"喻指"接受生活中的困境。第二个句子通过重复喻体"咽下"，表达了作者"除了接受，又能怎样？"的感慨，使上下文产生了紧密的语义关联。

（40）……她愿意被捕获，7年里她所做的所有努力，不就是为了那一刻吗?【她可以惊艳的在他的生命里绽放如花。一次绽放,7年等待。】在她看来也是值得的。……(《读者》2012年第20期)

上例中隐喻簇由以【】号标记的跨越段落的两个句子构成。第一句通过喻体词项"惊艳""绽放如花"建构了"人生是花"的概念隐喻,"绽放"是花最美的时刻,同样,"遇见他,亦是她人生中最美的时刻"。第二句,通过重复喻体词项"绽放",喻指"这个最美的时刻,她等待了7年",不仅使使读者感受到这次"绽放"的珍贵,明了"惊艳"的原因,同时也通过因果关系使两个段落之间产生紧密的语义关联。

(二) 喻体的衍生

隐喻簇还可以通过隐喻喻体的衍生来实现局部语篇的连贯,如:

(41) 聚散离合,其实这人生就是一场戏,我们哪一个人不是戏子?可是,我们一起来演一场"我爱你"的戏好不好?这戏呀,要演一辈子,所以,我们都要演得投入些再投入些,好不好?到离开世界的那一刻,我们就该谢幕了,我会对你说:"谢谢观看,来生不见。"家人,遇见你们,一世就够了。(《读者》2012年第16期)

在例(41)中,作者通过"人生是戏"和"人生是旅行"这两个结构隐喻的衍生,架构了一个完整连贯的语义簇。由"人生是戏"派生而来的隐喻喻体词项包括"戏""戏子""演""谢幕""观看",由"人生是旅行"衍生而来的隐喻喻体词项包括"离开""来生""遇见"。通过以"人生"为焦点的两个隐喻语义链条在邻近语篇中的交织延展,实现了整个局部语篇的语义连贯。

(三) 主题的呼应

隐喻簇有时也可以通过对文章主题的呼应而实现宏观语篇的语义连贯。

(42) 人生无路、荒野无灯时,谁不是医得眼前疮再说?如果他还活着,也接受采访,相信他的回答一定比廖丹还直接:"少扯凄美,活下去才是硬道理吧?!"(《读者》2012年第21期)

例(42)中的隐喻簇出自《读者》2012年第21期《荒野无灯》一文的最后一段。作者在文章的结尾处,通过隐喻喻体词项"荒野无灯"对文章的主题进行呼应,以画龙点睛之笔,实现了宏观语篇上的首尾连贯。

(四) 篇章隐喻簇

有些学者认为,由于大部分的隐喻簇都是由语义并不连贯的隐喻喻体构成的混杂隐喻簇,因此,在自然语言中,隐喻簇的连贯功能并不强,语篇的连贯更多的是依靠其他语义组构机制(kimmel,2010;Quinn,1991)。在本语料库中,能实现整个篇章的连贯性的隐喻簇也极少。这类对整个宏观语篇起到架构和连贯作用的隐喻簇,常常都是通过一个或几个核心的篇章隐喻,衍生出一系列子隐喻和诸多喻体词项,成簇散布在整个语篇中,将整个篇章串联成一个语义连贯的整体。本书将其称为篇章隐喻簇。

在第三章中提到过的例（12）《人生的五个短章》、例（13）《身体一艘船》，以及本章中的例（11）《陀螺与风车》这类篇章隐喻文章中，隐喻簇可以通过喻体的衍生、重复和主题的呼应三种方式并用来架构整个篇章的内容，实现整个语篇的连贯。

如第三章例（12）正文中，每一段都以"第一章""第二章""第三章""第四章""第五章"为小标题，通过主题呼应的方式实现语篇的连贯，并架构起整个语篇的结构；通过"人生是旅行"这个结构隐喻衍生出一系列喻体词项，如"街""坑""掉下去""爬出来""走"，并对这些喻体词项进行不断重复的方式，实现了段落内部和段落间的语义连贯。

第三章例（13）亦是如此。通过"身体是船""身体是城市""身体是机器"等多个篇章隐喻，衍生出一系列成簇共现的喻体词项，在语篇中形成不断涌现、彼此关联的隐喻簇，以"身体"为核心，在多个始源域之间来回跳跃，通过不同的始源域对身体的功能和结构进行不同解读，交织出一个复杂连贯的隐喻意义网络，架构全书。

三　意象与意境之美

传统的修辞学将隐喻视作诗歌的语言或者语言的装饰物。尽管认知语言学已经指出，隐喻是一种无处不在的认知机制，是我们赖以生活的重要思维方式，如实体隐喻、方位隐喻、基础隐喻、结构隐喻等。然而，不可否认，在文学作品中，某些隐喻的确具有动人的意象和深邃的意境，赋予了读者审美的情趣，使得隐喻语言具有了美学价值。隐喻簇通过多个意象丰富而生动的喻体词项的共现，变换不同视角对意象进行精致、层次分明的描绘，或通过描绘多个意象构成一幅隽美的图画，因此，相比单个隐喻喻体而言，隐喻簇具有更强的对艺术和美进行再现的能力。

（一）意象美

隐喻语言的意象美常常令人回味无穷，心生向往。

（43）似水流年里，谁见幽人独往来，缥缈孤鸿影。（《读者》2012 年第 21 期）

在例（43）中，一句"缥缈孤鸿影"道出一份说不尽的清冷和朦胧之美。

（44）她是飞翔在荒漠里的一只孤雁，形单影只。她是失去伴侣的天鹅，独自漂泊、流浪，无处停歇。一个将万水千山都走遍的人，却一生寻找不到灵魂的家园。只有死亡，才是她最后的归宿。这只天堂鸟回归天堂了，我愿意这样想她的离去：上帝看她活得太苦了，才召她回去……（《读者》2012 年第 21 期）

例（44）中，作者将女主人公分别比作"飞翔的孤雁"和"流浪的天鹅"，一个如飞鸟一般渴望自由、如天鹅一般高贵美丽的女子形象跃然纸上。

（45）他的前半生是姹紫嫣红开遍，饱满如繁花盛开的春天；他的后半生仿佛一位大家的山水画，山寒水瘦，素

洁,安然。(《读者》2012年第21期)

(46) 过去的几十年,她一直是孤苓一朵,生于武汉,流离于重庆,又漂泊到台湾。(《读者》2012年第22期)

例(46)中,喻体词项"一朵"建构了"女人是花"的概念隐喻,以花之美喻人之美;喻体词项"流离""漂泊"建构了"人生是旅行"的结构隐喻,以旅行之漂泊喻人生之孤独无依。至此,一个花儿般美丽而又自强自立的新女性形象仿佛穿越时空漫步而至,翩然立于读者眼前。

(二) 意境美

隐喻簇有时也可以通过多个喻体共同协作创造出深邃、悠长的意境。

(47) 无论岁月给他什么,伤痛、屈辱、苦难,生命已是繁华落尽,不惹尘埃。他的心是沱江的碧波,照山是山,照月是月,都映在他的心底和文字里。星斗其人,赤子其人。(《读者》2012年第21期)

在例(47)中,作者将"他的心"比作"沱江的碧波",由"沱江碧波"衍生出的"照山是山,照月是月"在喻指"他心灵和文字的清澈"的同时,也在读者心中营造了一份宁静而空灵的禅境。

(48) 这就很好,把人生看得太透了,生命的胡琴里,咿咿呀呀的,只会是悲观和失望。好的人生,是一片迷蒙的

月色，你只是觉得它美，却永远说不清它美在哪里。这，就足够了。(《读者》2012年第2期)

在例（48）的隐喻簇中，作者将人生比喻为"一片迷蒙的月色"，"迷蒙的月色"和月光下"说不清"的美，都令读者在体味作者眼中的人生时，也体味到一份朦胧而隽永的意境。

（49）而正是这些记忆深处的花，影响着我们，引导着我们，如我们人生的灯塔。(《读者》2012年第18期)

绽放在"记忆深处的花"芬芳而神秘，照亮"人生的灯塔"为"我们"指引前进的方向。这个隐喻簇从"美好的记忆是花""美好的记忆是灯塔""人生是旅行"三个概念隐喻而来，通过始源域丰富的内涵，以黑夜中无垠大海上的灯塔这一励志且意境深远的意象，传递给读者久久不散的温暖、力量和希望。

第四节 隐喻簇的分类

本节旨在依据隐喻簇自身的规律和特征，对隐喻簇的分类框架进行探讨。现有的隐喻簇研究对隐喻簇的分类并不关注。已有的分类根据喻体词项是否来自同一个始源域，将隐喻簇分为单纯隐喻簇（pure metaphor cluster）和混杂隐喻簇（mixed metaphor cluster）两大类。

如何对隐喻簇进行更为细致的分类，本书对一些可能的方案做过可行性分析。若参考传统修辞学的分类方法，根据喻体、本体和喻词之间的关系来对隐喻簇分类，如博喻、较喻、扩喻、缩喻等，由于隐喻簇包含多组喻体、本体和喻词，通常涉及多种比喻手法，因此，这种分类方法并不适用。若参考概念隐喻的分类将其分为结构隐喻、实体隐喻、方位隐喻，语料显示隐喻簇中常常这几种类型的隐喻都混杂存在，因此，这种分类也不适用。

针对隐喻簇多喻共存、动态多变的特点，本书采用三维坐标作为隐喻簇的动态分类依据，通过三维坐标动态分类法，选取隐喻簇内句子间或从句间的语义关系、始源域与目标域之间的映射关系、喻体词项之间的语义关系为三个标志性变量，旨在对这两类隐喻簇进行更细致的再分类。

一　分类坐标

隐喻簇是一种动态多变的隐喻语言结构。本书采用三维坐标系作为隐喻簇这一动态现象的分类依据。三维坐标是指通过相互独立的三个变量（X，Y，Z）在空间中构成具有一定意义的点。运用三维坐标对隐喻簇分类就是要选取隐喻簇的三个核心动态特征为变量，以在三维坐标系空间中构成的点为特定隐喻簇类型求解。如图 4-2 所示。

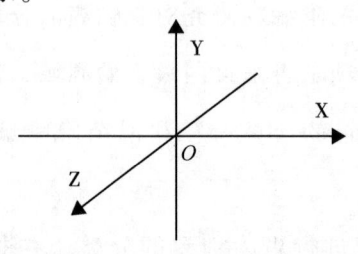

图 4-2　三维坐标系

坐标上的三个变量（X，Y，Z）中，X指的是隐喻簇内句子间或从句间的语义关系类型；Y指的是始源域与目标域之间的映射关系类型；Z指的是喻体词项之间的语义关系类型。设三个变量在空间中构成的具有一定意义的点为P（X，Y，Z），P（X，Y，Z）的解正是特定隐喻簇的类型。

以下对每个变量下的每种类型进行详述。

X变量分为平行型和递进型两类。平行型指的是句子之间的语义关系属于平行推进的关系；递进型则指的是句子之间的语义关系属于层层递进的关系，包括时间的顺承关系、因果关系等。

Y变量分为交织型和向日型两类。交织型指的是源自多个不同始源域的隐喻喻体交织共存，这包括两种情况，一是多个始源域向各自不同的目标域投射，二是多个始源域向同一个目标域投射，由于多组跨域映射并存于局部语篇中，故称为交织型；向日型则只涉及一组始源域与目标域之间的映射，指的是源自同一个始源域的多个喻体向源自同一个目标域的多个本体进行投射，由于所有喻体均共同构建同一个始源域，故称为向日型。

Z变量分为离散型和互补型两类。离散型指的是喻体词项之间的语义关系相对独立，分别喻指截然不同的本体，故称之为离散型；互补型指的是喻体词项之间的语义关系相互依赖，同时喻指同一个本体，互为补充，故称为互补型。

如此，三个变量在三维坐标上构成的点P（X，Y，Z）理论上具有八种解，即平行交织离散型、平行交织互补型、平行向日离散型、平行向日互补型、递进交织离散型、递进交织互补型、递进向日离散型、递进向日互补型。由于在实际操作层面中，始源域与目标域之间的向日型概念映射关系只会造成喻体词项之间的互补语义关系，无法形成喻体词项之间的离散语义关系，因此理论上出现的向日离散型解，在实际中并不会出现。这样一来，平行向日离散型和递进向日离散型这两类被剔除。最终根据上述分析，隐喻簇的分类 P（X，Y，Z）共有六种解，即平行交织离散型、平行交织互补型、平行向日互补型、递进交织离散型、递进交织互补型、递进向日互补型。

下文通过这六类隐喻簇对单纯隐喻簇和混杂隐喻簇进行再分类。

二 单纯隐喻簇

单纯隐喻簇和混杂隐喻簇的传统二分法，是依据喻体词项是否来自同一个始源域来进行分类的，也就是以本书三维坐标分类法中的变量 Y 作为分类依据。单纯隐喻簇是指喻体词项来自同一个始源域，属于变量 Y 中的向日型。而混杂隐喻簇的喻体词项来自多个不同始源域，属于变量 Y 中的交织型。故此，在隐喻簇三维坐标法所分的六类隐喻簇中，属于单纯隐喻簇的有两类——"平行向日互补型"和"递进向日互补型"。

平行向日互补型隐喻簇指的是包含同一个始源域派生而来的多个喻体，喻体词项之间语义互补，隐喻簇内从句之间或句子之间语义平行推进的单纯隐喻簇。

（50）人生旅程就是一个走下坡路的过程，只是，有的人在这段下坡路上也能多少瞄得几眼不错的风光，摘得几朵美丽的花儿，而有的人就干脆一路朝下，不管不顾，一点也不留恋往返，径直走下去就是了。（《读者》2012 年第 3 期）

在例（50）中，喻体词项"旅程""走""下坡路""风光""美丽的花儿""一里朝下""留恋往返""径直走下去"源自同一个"旅行"始源域，因而属于向日型隐喻映射关系；喻体词项共同向"人生"目标域的各个本体进行隐喻映射，共同构建了"人生是旅行"的结构隐喻，各个喻体词项之间语义连贯互补；例句通过"有的人……有的人……"的结构展开，对两种不同人生进行描述，因而分句间的语义关系属于平行推进型。据此，上例为平行向日互补型隐喻簇，是一个典型的单纯隐喻簇。

递进向日互补型隐喻簇指的是包含同一个始源域派生而来的多个喻体，喻体词项之间语义互补，隐喻簇内从句之间或句子之间语义层层推进的单纯隐喻簇。

（51）孩子的"祭文"，让他在人生道路上做了一个美丽的 U 形转换。U 形转换之后，才豁然发现眼前的风景居然绮丽如斯。（《读者》2012 年第 23 期）

（52）看遍世态，尝尽爱情，我人生的旅途终于回到了原点，回到我生命最早出发的地方。（《读者》2012 年第 23 期）

（53）"摔倒了，就赶快爬起来，不要欣赏你砸的那个坑。"很多人欣赏他所说的这两句话。（《读者》2012 年第 3 期）

在例（52）和例（53）中，喻体均源自同一个始源域，但与平行向日互补型隐喻簇的区别之处在于，递进向日互补隐喻簇中的喻体随着叙述的展开具有了包括时间顺序、因果顺序在内的递进逻辑关系，如例（51）中的"U 形转换之后"，例

（52）中的"看遍""尝尽""回到"，例（53）中的"摔倒""爬起来""欣赏自己砸的坑"等喻体都是按照时间向前演进的顺序展开的。

洛（2008：429）指出隐喻簇大部分都是语义连贯的单纯隐喻簇。科特斯和迈耶斯（2002）也认为，在其所研究的布道类宗教性话语中的隐喻簇通常都与一个围绕会话主题的核心根隐喻有关，因此大多是单纯隐喻簇。基梅尔（2010）、奎因（1991）、沈和巴拉班（1999）则通过对政治、教育等题材的话语的实证研究，包括本书的语料库数据①，均指向了相反的结果，即单纯隐喻簇只占隐喻簇的少数部分，绝大部分隐喻簇是以混杂的形式存在的。

三　混杂隐喻簇

在三维坐标分类法中，但凡类别中出现"交织"均属于混杂隐喻簇。喻体词项语义关系的"交织"是混杂隐喻簇的标志。因此，亦可将混杂隐喻簇称作交织型隐喻簇。

在六种隐喻簇类别中，属于混杂隐喻簇子类别的包括四种：平行交织离散型、递进交织离散型、平行交织互补型和递进交织互补型。

与单纯隐喻簇相比，混杂隐喻簇因其广泛存在性，吸引了大量研究者的目光，经历了从被唾弃到倍受重视的曲折历程。此外，较之单纯隐喻簇，混杂隐喻簇结构较为复杂。因此，本节将详细介绍作为交织型隐喻簇的混杂隐喻簇，其研究背景、语料中

---

①　详情请参看稍后小节中关于混杂隐喻簇频率的语料库定量分析数据。

的存在频率、结构特征、语义特征及分类。

(一) 混杂隐喻之争

混杂隐喻簇(Mixed Metaphor Cluster),或简称混杂隐喻,是一种常见的语言现象(Lakoff & Turner,1989:70;Grady,1997:267;Kimmel,2010:102)。在基梅尔(2010)的语料库研究中,混杂隐喻占其语料库中隐喻簇总数的76%。这一数据表明,混杂隐喻是隐喻簇最主要的表现形式。

然而,长久以来,混杂隐喻经常被一些学者视为"使用不当的语言"(Kimmel,2010:98),中外学者对混杂隐喻褒贬不一,"从亚里士多德到启蒙运动至今,关于修辞和文体的教科书几乎都在提倡禁用混杂隐喻"(Pesmen,1991:213)。德文中就将混杂隐喻称为bildbrüche,意思是"意象破坏"。对于混杂隐喻是否是一种得体的语言表达形式,国内外学者争论已久。反对者认为,混杂隐喻是"最可耻的前后矛盾"(Quintilian,1891:136),"是写作中最令人难以容忍的错误之一"(Thomas Gibbons,1969:34)。Constable 在 *Reflections Upon Accurary of Style* 中就曾公开指责混杂隐喻是"隐喻的粗暴结合"(Constable,1731:104)。陈道明(2000:116)也将混杂隐喻归类为"譬喻不伦"现象,认为"若不恰当地将属于不同隐喻概念的两种或两种以上前后矛盾的隐喻在同一语篇中混用,就会破坏隐喻的连贯性,产生混杂隐喻"。陆谷孙主编的《英汉大词典》将混杂隐喻定义为"两个或两个以上通常为互不协调或互不相容的隐喻的结合"[①]。

然而,自20世纪以来,对混杂隐喻持肯定态度的学者越来

[①] 陆谷孙:《英汉大词典》第2版,上海译文出版社2007年版,第1239页。

多。塞尔就曾指出："混杂隐喻的文体风格可能有争议性，但我并不认为它们在逻辑上一定是不连贯的。"（Searle，1979：236）科妮莉亚·穆勒（2008：134-177）更是抨击了将混杂隐喻视作意象冲突、语义矛盾和思维缺陷等的不公评价。赵元任对混杂隐喻的态度比较中肯，认为混杂隐喻是一种形式与语义的脱节现象，若混杂并未发生在同一语义层面，则并不易于察觉（赵元任，1981：49）。李向农也尝试通过隐逻辑辞格来解释混杂隐喻的合理性，并赞叹"看起来自相矛盾悖情悖理，实际上相反相成合情合理，这就是混杂隐喻的高明之处"（李向农，1987：41-43）。

佩斯姆恩也从人类学的角度对混杂隐喻和修辞学家对混杂隐喻的厌恶进行了剖析。他认为，对混杂隐喻表征了一个不可能的世界，对混杂隐喻的禁制反映了人们对现实的某种期待，而这个不可能世界对我们精神世界赖以存在的已知世界构成威胁。（Pesmen，1991：213）

近三十年，随着实证方法在语言研究中的兴起，学者们通过对自然语言的系统考察，发现混杂隐喻并非极端的语言个例，而是一种常见的语言现象，混杂隐喻在自然语言中的"真貌"逐渐被揭开。西方学者（Gibbs，1994：4；Cienki and Swan，2001；Müller，2009：160；Elizabeth，2009；Kimmel，2010；Hilpert，2010）通过对英语语料库和英语母语被试的研究发现，自然语言中生成的混杂隐喻绝大部分都是连贯的、易于理解的。

2010年，奥地利学者迈克尔·基梅尔在《语用学》期刊发表了一篇关于隐喻簇的论文，以《太阳报》和《卫报》2004年5月关于欧盟选举的675篇新闻报道中的语言隐喻为语料进行了定量分析，数据表明，混杂隐喻在自然语言中广泛存在，占隐喻簇总数的76%。基于此，基梅尔明确指出："混杂隐喻在语言使用中出现的频率如此之高，使得我们不得不充分的重视它。"（Kimmel，2010：98）

几乎同时，在大洋彼岸的美国，心理语言学家雷蒙·吉布斯（Raymond Gibbs）的博士生朱莉亚·伊丽莎白·罗纳根（Julia Elisabeth Lonergan）也以"混杂隐喻"为研究课题，递交了她的博士论文。在这篇博士论文中，作者聚焦混杂隐喻现象，通过语料库结合心理实验的方法，不仅对混杂隐喻被视作一种不得体的语言这一论调进行平反，还指出："混杂使用隐喻是人类思维和推理的核心要素，混杂隐喻不仅不会妨碍隐喻意义的理解，而且非常易于理解，传递着特定语言所独有的文化内涵。"（Elisabeth，2009：68）

目前，学术界对混杂隐喻的态度正在改变，这从《牛津英语语言指南》（*Oxford Companion to English Language*）的不同版本中对混杂隐喻的定义可见一斑。1992年版的《牛津英语语言指南》尚将混杂隐喻定义为一种由"熟语混用而导致的文体缺陷"（Mc Arther，1992：663）；2005年版的《牛津简明英语语言指南》（*Concise Oxford Companion to the English Language*）已去掉"缺陷"一词，将混杂隐喻定义为"由不相关的、甚至有时不协调的隐喻共现构成的"（Mc Arther，2005）。而基梅尔（2010）和希尔伯特（2010）语料库研究的结果则是"鲜少不协调"。

随着越来越多的实证研究都指向混杂隐喻的得体性，混杂隐喻得到了认知语言学、心理学、人类学，以及哲学等诸多学科的更多关注。但是，国内相关研究从数量上来讲相对较少（赵元任，1981；徐文博，1984；李向农，1987；陈道明，2000；

梁远冰，2007；王丽丽，2010），基于语料库的实证研究尚未展开。

纵观国内关于"Mixed Metaphor"的学术文献，"混杂隐喻"并非这一术语唯一的中文翻译，还有"混合隐喻"和"复合隐喻"等多个中文术语的使用。对"Mixed Metaphor"的不同翻译也体现了学者对"混杂隐喻"这类语言现象的不同看法。如，徐文博（1984）采用"混合隐喻"的译法，主要介于"混杂隐喻"常常"混而不杂"的特质，因此将其称作"混合隐喻"更近英文术语"mixed metaphor"及这一现象的本质。而王丽丽（2010）在以陈道明（2000）为其参考文献的基础之上，即已知晓"混杂隐喻"这一译法的前提下，依旧将"mixed metaphor"译作"复合隐喻"，不惜将其与Lakoff（1980）的"Complex Metaphor"（中文译作复合隐喻）发生混淆，可能体现了作者对混杂隐喻这一译法的反感，以及为其正名的尝试。而本书依旧采用"混杂隐喻"这一翻译，主要原因有二：一是沿用赵元任（1981）和李向农（1987）的说法；二是"混杂隐喻"这一译法目前有更高的认可度，以其为关键字可以获取更多的相关文献。

那么，混杂隐喻是否也大量存在于汉语隐喻语言中？它具有怎样的结构和语义特征？又通过何种机制将不同隐喻"混杂"在一起并实现语义连贯？前两个问题接下来的两个小节将进行解答，第三个问题将在本书第六章域的接入：从词汇概念到认知模式在接入语义学的理论框架下进行详细阐述。

（二）频率

混杂隐喻是指由来自不同始源域的喻体词项或来自不同目标域的本体词项在邻近语篇中成簇共现构成的一种隐喻簇。基梅尔将混杂隐喻簇定义为"由多个不同类型的隐喻在邻近语篇中的共现构成隐喻簇",并对以上定义中所谓"不同类型的隐喻"作了如下进一步解释:"当两个邻近的隐喻共享一样的始源域,或一样的目标域,或一样的始源域和一样的目标域,则被认为是概念连贯的;否则则被认为是混杂隐喻。"(Kimmel,2010:101)基梅尔(2010)通过对《太阳报》和《卫报》新闻报道语料的研究证实了,在所有隐喻簇语言中,混杂隐喻簇占76%。Elisabeth(2009)聚焦混杂隐喻现象,通过语料库结合心理实验的方法,不仅对混杂隐喻被视作一种不得体的语言这一论调进行平反,并认为,"混杂使用隐喻是人类思维和推理的核心要素,混杂隐喻不仅不会妨碍隐喻意义的理解,而且非常易于理解,传递着特定语言所独有的文化内涵"。

在本书中,如表4-3所示,136个隐喻簇中,由来自不同始源域的喻体构成的混杂隐喻簇有114个,占83.8%。这一数据与基梅尔(2010)、Quinn(1991)和Shen & Balaban(1999)的研究结果吻合。此外,基梅尔(2010)还指出,在《太阳报》和《卫报》两个语料库中,尽管隐喻簇所占的比例有一定出入,但是混杂隐喻簇所占的比例是相近的。而本书的《读者》语料中,虽然隐喻簇出现的频率略高于基梅尔(2010),但混杂隐喻簇出现的频率也与基梅尔(2010)在两个不同报刊语料中的统计数据都一致,这表明混杂隐喻簇是各类型隐喻语言中均普遍存在的现象。在混杂隐喻簇中,含2—3个喻体词项的混杂隐喻簇占总数的比重降至37.7%。当喻体词项数量≥4个时,该隐喻簇为混杂隐喻簇的可能性极大,占87.7%。

表 4-3　　　　　混杂隐喻簇的频率（第一期语料库）

喻体词项个数	隐喻簇总数	混杂隐喻簇总数	混杂隐喻簇占隐喻簇总数比（%）	该类型混杂隐喻簇占混杂隐喻簇总数比（%）
	136	114	83.8	
2	26	18	69	15.8
3	29	25	86.2	21.9
4	23	16	69.6	14
5	20	10	100	8.8
6	10	10	100	8.8
7	9	8	88.9	7
8	7	7	100	6
9	11	10	90.9	8.8
10	2	2	100	1.8
11	3	3	100	2.6
12	3	2	66.7	1.4

（三）句法结构

混杂隐喻簇突出的结构特征就是隐喻喻体词项在句子中的分布呈现出特定的句法分布规则。作者在生成隐喻簇的过程中自发地利用句法分布的空间距离来缓冲混杂隐喻簇中无共同认知基础的始源域之间喻体词项潜在的语义冲突。

通过对语料数据的观察，我们发现混杂隐喻簇中喻体词汇的共现一般遵守如下句法分布规则：

其一，将来自不同始源域的喻体置于不同的从句中，是混杂隐喻簇最主要的句法分布特征。

其二，当来自不同始源域的喻体必须置于同一个从句中时，喻体83.8%情况下均为词汇化程度很高的喻体，26.4%的情况下有可能出现一个规约程度较低的喻体。

(四) 语义结构

对语料的观察发现，混杂隐喻簇的语义结构具两大重要特征，一是"混"而"不杂"，二是大量使用规约隐喻。

首先，混杂隐喻最重要的语义特征就是"混"而"不杂"。混杂隐喻作为一个笼统的概念范畴，是由一类语言现象的集合构成的。根据范畴化理论（Conceptual Categorization theory）和原型理论（Prototype theory），在一个范畴中总有一些更具代表性的典型成员和代表性较弱的边缘成员。反对派对混杂隐喻的厌恶，归根结底是由个别极端语例，即混杂隐喻这个范畴内的边缘成员造成的。比如，英国浪漫运动的领袖、诗人柯勒律治（Coleridge）就曾向华滋华斯（Wordsworth）抱怨，他在读过《失乐园》中的一个混杂隐喻后，整整一个晚上都止不住的想着它，怎么也无法入睡（Bette，1932：242）。而以吉布斯和基梅尔为代表的支持派学者，则是在实证研究的基础之上，基于对大量语料和日常言语行为的系统观察，发现自然语言中混杂隐喻这类范畴在统计学意义上并非如我们凭语感所猜测的那样面目可憎，不仅如此，绝大部分的混杂隐喻都是连贯的、易于理解的。

所谓"混"，是喻体所属始源域之间的无关联或冲突；所谓"不杂"，是本体所属目标域之间的连贯统一。请参考例（54）和（55）：

（54）如果人生方向明确而又碰上能够让自己发光发亮的主管，纵然是被"捆绑"于一个机构，人生的意义依然可以很好地彰显。（《读者》2012年第23期）

（55）其实，任何一门艺术都需要我行我素，所谓另辟蹊径也是站在前人的肩膀上摘到星辰。他的一生就是这样，

独树一帜，一意孤行。(《读者》2012年第21期)

其次，为了实现语义的"混而不杂"，混杂隐喻簇除了遵循一定句法结构特征之外，也遵循一定的语义结构特征，即大量使用规约隐喻。语料数据显示，使用规约性隐喻是混杂隐喻避免喻体词项之间语义冲突的一个重要途径。

所谓的规约性，是指的一个隐喻在特定的社会文化背景中被使用的广度及其稳定程度（well established and well entrenched）。[①] 格特力（Goatly，1997：32）曾将隐喻按其规约性分为四类：死喻（dead metaphor）、死寂隐喻（dead and buried）、非活跃隐喻（inactive metaphor）和活跃隐喻（active metaphor）。其区分标准主要是看词汇化之后的隐喻意义与该词原意之间的联系紧密程度或话题和喻体之间的词汇关系。Kovecses（2010）亦按规约性将概念隐喻分为两类：规约性隐喻和非规约性隐喻。其中，规约性隐喻，结合其语言表达形式所体现的认知方式，又可以分为通过规约性语言表达的规约性概念隐喻和通过非规约性语言形式表达的规约性概念隐喻两种。

在我们的日常思维活动和语言交际中，存在着大量的规约性隐喻。如：

"人生是旅行"：各奔前程、分道扬镳、漂泊、流浪、终点、起点

"人生是食物"：回味、滋味、苦涩、辛酸

上面的两个结构隐喻及其喻体词项所表达的子隐喻都是规约

[①] Zoltan Kovecses, *Metaphor：A Practical Introduction*, Oxford, Oxford University Press, 2010, p. 34.

化程度极高的隐喻。当普通的语言使用者将将"前程""漂泊"等与人生联系在一起，或将"回味""苦涩"等与人生联系在一起时，他们很难会注意到自己在使用隐喻，因为这些都是汉语使用者所习以为常的谈论人生的语言表达形式。

诸如"人生是旅行""人生是食物"这样的规约性隐喻，是一种深深嵌入（entrenched）在我们的心智中的，用来思考或理解其他抽象概念域的认知方式。而与之相应的规约性语言表达形式则是语言使用者谈论这些抽象概念域的谈论方式。结构隐喻、本体隐喻和方位隐喻大多都属于规约性隐喻和死隐喻的范畴。这三种概念隐喻的规约性极高，其语言表达形式也具有极大的约定俗成的特性。因此，一般来说，我们认为，结构隐喻、本体隐喻和方位隐喻都属于规约性隐喻。[①]

值得指出的是，规约性隐喻并不等于就是格特力所说的死喻，两者是有差别的。思维活动的创造性使得我们可以不断发现新的视角去看待同一事物，表现在语言层面，就是使用非规约性的语言来表达规约性的隐喻，这样的隐喻语言就属于活隐喻或新隐喻的范畴了。换句话说，规约性隐喻也可以通过非规约性的语言形式来表达。第三章例（13）《身体一艘船》中反复出现的"身体是船"这一贯穿全文的概念隐喻则是从"人生是旅行"这一规约程度极高的根隐喻派生而来的新的子隐喻，因而涌现出了诸多非规约性的语言表达形式，如：

[①] Lakoff, G. and Johnson, M., *Metaphor We Live By*, Chicago, University of Chicago Press, 1980, p.151.

从早到晚,从春天到冬天,我们的身体游走于大地,就像船一样在海洋里行进着,有时后退,有时打转,有时也停泊到一个码头,或进入港口休憩。

有了身体这艘船,我们可进可退,可驶往人潮,也可退出江湖。

四周不断有新的生命涌来,纸船、小帆船、独木舟……

当年初航的勇猛,显然风一般地消逝了,他踽踽独行,还能在这逆风冷雨的海上支撑多久呢?

很显然,例句中都包含同一个规约性结构隐喻,那就是"人生是旅行"。但不同的是,有些使用的是规约性的语言,如"行进""后退""停泊""退出江湖"等,而有些,则使用了新衍生的隐喻喻体,如"纸船""小帆船""独木船"。说话者,在一个熟识的概念隐喻框架之内,通过从不同的视角来概念化同一事物,使得这一事物的隐喻认知方式得到了拓展,产生了基于规约隐喻的新的理解和新的语言表达形式。

(五)混杂隐喻簇的分类

依据三维坐标分类法,混杂隐喻簇可以通过隐喻簇内部句子间的语义关系、始源域与目标域之间的概念映射关系和喻体词项之间的语义关系三个变量对其复杂类型进行梳理和定位,共分为平行交织离散型、递进交织离散型、平行交织互补型和递进交织互补型四种类型。

平行交织离散型隐喻簇指的是包含多组不同始源域和目标域之间的跨域映射,喻体词项之间语义不连贯,隐喻簇内从句之间或句子之间语义平行推进的混杂隐喻簇,如:

（56）因为一根绳子，他们典当了亲情；因为一根绳子，他们押上了整个人生。（《读者》2012年第23期）

平行交织互补型隐喻簇指的是包含多个始源域向同一个目标域的跨域映射，喻体词项之间语义连贯互补，隐喻簇内从句之间或句子之间语义平行推进的隐喻簇，如本章的例（44）和例（45）。

递进交织互补型隐喻簇指的是包含多个始源域向同一个目标域的跨域映射，喻体词项之间语义连贯互补，隐喻簇内从句之间或句子之间语义层层推进的喻簇，如本章的例（38）。

递进交织离散型隐喻簇指的是包含多组不同始源域和目标域之间的跨域映射，喻体词项之间语义不连贯，隐喻簇内从句之间或句子之间语义层层推进的混杂隐喻簇，如本章的例（26）。

首先，作者构建了一个"人生是小溪奔涌入江海"的概念隐喻。作者从雅鲁藏布江联想到人生，即使自己身单力薄只是一条"小溪"，亦要义无反顾地"奔涌入"人生的"大江大海"，并同时保持"小溪"所特有的"清新""机警""柔软"，不再庸人自扰，"重负压肩"，"保持一颗童真的初心"。

其次，作者又进一步将"小溪"一样的"我"所拥有的"无我的悲悯心"比喻为充满能量的"富矿"，并将"我童真的初心"比喻为"开启富矿的金钥匙"。至此，作者通过三个概念隐喻层层递进的映射，表达了自己人生当自强不息的感怀，也提出了保持一颗无我、悲悯而纯朴的心灵对于实现人生价值的重要性。

第五章　簇的涌现:从后台到前台

在接入语义学理论框架之下，本章从前台认知和后台认知这对核心假设出发，指出自然语言中隐喻簇的涌现是一个从后台概念系统到前台语言系统的认知生成过程，并基于语料库数据，对隐喻簇这一前台语言现象的后台概念隐喻，以及概念转喻认知理据进行了探讨。其中，隐喻簇与转喻簇在语篇中的共现是本语料库研究的一个重要发现，本章亦对其共现的深层认知理据进行了阐释。

第一节　簇的涌现

关于隐喻簇涌现的认知理据，现有研究主要从话语交际功能和语篇连贯功能的角度进行阐述。如语言学家卡梅伦指出，隐喻簇常常在与整个话语的交际意图密切相关的重要交际时刻涌现（Cameron & Stelma, 2004：135）。心理学家科特斯（1999，2002）就曾先后以心理治疗话语和浸会布道话语为语料，对自然语言生成过程中隐喻语言的分布规律和特征进行研究，从话语的结构功能和交际功能视角出发，认为话语的连贯性、对话题的概念性理解和话题对于交际意图的相对重要性这三个要素之间的互动，是自然语言中隐喻簇生成的最主要原因（Corts & Meyers, 2002：391）。

人类学家基梅尔和奎因则对科特斯的观点持部分否定的态度。基梅尔（2009：97-114）认为，隐喻簇并非话语连贯的有效工具。最主要的证据是，在其政治题材的语料库中涌现的隐喻簇绝大部分为不具有概念连贯性的混杂隐喻簇。基梅尔（2009）的这一数据与奎因（1991）以婚姻为主题的访谈话语的研究数据结果和本书的语料库研究结果相吻合。

科勒（2003：73）则从社会认知的角度对隐喻簇生成进行探讨，认为社会文化认知是构成隐喻簇的重要理据，商业话语中的隐喻簇可以看作是由社会认知建构的意识形态所导致的，并指出，艾玛娜蒂安（2000）也曾提出过类似的观点，即隐喻簇中各隐喻的本体通常在相应的文化模型中彼此关联。

本章在接入语义学的框架之下，基于语料数据，对隐喻簇作为一种前台语言现象的后台认知理据进行系统深入的探讨。

第二节 前台认知与后台认知

前台认知与后台认知的区分与提出是接入语义学的核心假设之一。

意义建构是一个认知过程。从认知语言学诞生至今，主流趋势都在致力于研究这一过程中的概念认知机制。埃文斯独树一帜，他认为语言认知机制区别于概念认知机制，并在意义建构这一认知活动中发挥着重要的作用。他指出，语言符号绝不仅仅只是促成意义生成的提示物（prompt），语言符号作为人类进化史相对近期涌现的认知手段，必然有区别于其他认知手段的独特功能。为了对语言认知机制的复杂性进行专门的研究，埃文斯

(2009: 53-55) 将语言认知机制与概念认知机制区分开来, 提出了前台认知和后台认知这对概念。前者涉及语言加工机制, 后者涉及概念加工机制。埃文斯认为, LCCM 理论因其对语言加工机制的关注, 故本质上是一种前台认知理论, 而诸如概念隐喻理论 (Conceptual Metaphor Theory)、思维空间理论 (Mental Spaces Theory)、概念整合理论 (Conceptual Blending Theory) 等则由于关注概念认知机制而属于后台认知理论。

追根溯源, 前台和后台 (backstage cognition) 这对术语最早是由社会学家欧文·戈夫曼 (Erving Goffman) 于 20 世纪 50 年代引入社会学和人类学词汇的。[①] 欧文·戈夫曼在其 1959 年出版的代表作《日常生活中的自我呈现》(*The Presentation of Self in Everyday Life*) 中, 详细介绍了其拟剧论的研究进路 (dramaturgical perspective), 将作为社会个体的人隐喻式的看作具有一定社会角色 (social role)、与他人进行角色互动的社会演员 (social actor)。当社会演员之于他人进行角色表演 (role performance) 时, 他或她便处于"前台"; 而当其离开受众、走出角色之外时, 他或她便来到了"后台"[②]。

语言学家吉尔斯·福康涅 (Gilles Fauconnier) 借用戈夫曼的这一社会学隐喻, 将其改造之后引入了认知语言学领域, 提出了后台认知这一术语。[③] 始源域依然是舞台, 目标域变为认知活动,

---

[①] Albert J. Mills, *Encyclopedia of Case Study Research*: *L-Z*, Index, Sage Publications Inc., 2010, p.407.

[②] Albert J. Mills, *Encyclopedia of Case Study Research*: *L-Z*, Index, Sage Publications Inc., 2010, p.407.

[③] Fauconnier, *Cognitive Linguistics*, *Foundations*, *Scope*, *and Methodology*, Walter de Gruyter, 1999, p.96.

隐喻意义也随之有了截然不同的解读。福康涅指出，语言只是人类心智认知活动的冰山一角[①]，语言哲学家莱考夫和约翰逊也指出，绝大部分的认知机制都是在心智的无意识状态下执行的，构成了人类所有认知活动的95%以上（Lakoff & Johnson, 1999: 13）。基于这一基本观点，福康涅将认知活动发生的物理基础（physical substrate）比喻成舞台；而在冰山下我们看不见、听不到的认知活动被比喻为发生在不能为观众所观察到的舞台后台，即后台认知。[②] 福康涅还列数了这些后台认知机制，它们包括隐喻和转喻式思维、概念整合、心理空间、认知视角、参照点、虚拟运动（fictive motion）等。[③]

在福康涅的后台认知基础之上，埃文斯（2009，2013）进一步提出了语言认知机制属于前台认知这一假设。后台认知的概念认知机制以心智为表现形式，以大脑为工作载体，然而大脑是一个黑匣子，现有的科学手段下我们对脑和心智的了解十分局限。语言则不同，语言虽然离不开后台认知对其意义进行诠释，但它本质上具有物理属性，可以是视觉的符形[④]、听觉的声音、触觉的凹凸等[⑤]，也就是说，它拥有外化的（externalized）语言符号作为其载体和表征形式。语言作为一个符号系统，有其内在复杂性，字、词、词组、短语也有其语言系统内部的词汇概念，这种

[①] Fauconnier, *Cognitive Linguistics*, *Foundations*, *Scope*, *and Methodology*, Walter de Gruyter, 1999, p. 96.

[②] Fauconnier, *Cognitive Linguistics*, *Foundations*, *Scope*, *and Methodology*, Walter de Gruyter, 1999, p. 96.

[③] Fauconnier, *Cognitive Linguistics*, *Foundations*, *Scope*, *and Methodology*, Walter de Gruyter, 1999, p. 96.

[④] 如文字符号和手语等。

[⑤] 可触摸的文字符号，比如盲文。

词汇概念架构起了我们对一种语言所拥有的全部语言知识，它们直接编码在语言符号之中，是语言本身的元知识，无需激活概念系统中的百科知识，亦无须任何后台认知机制对其进行加工，它们抽象而图式化，为后台认知机制的运作提供指导，为激活丰富生动的概念结构提供脚手架。正是因为语言认知机制的这种特性，使得 Evans 认为有必要将其与概念认知机制区分开来，并将语言认知机制定义为前台认知。前台认知与后台认知的详细定义如下（Evans，2009：54）：

前台认知理论主要关注以下方面：

·词汇形式与语义结构的关系。

·语言系统内部语义结构与概念系统内部概念结构之间的关系。

·指导词汇概念进行整合并促成概念结构内的选择性激活的词汇组构原则。

·语境的作用，包括语言在传递情境交际意图中所显示的互动性与目的导向性。

后台认知理论主要关注以下方面：

·指导并促成语言符号所提供接入的概念结构进行整合的非语言原则。

·在建构复杂、新奇概念结构过程中非语言知识结构（如框架）的整合机制，即福康涅和特纳所指的模式完成（Pattern Completion）。

·概念化（conceptualization）的动态诠释（dynamic construal）。

前台认知与后台认知两种研究进路的最终目标都是致力于建构一种话语意义分析与研究的模型，既关注一个动态的、临时的意图序列如何在概念空间中得以表征和分割,又关注语言符号对这一过程的介导作用。

值得指出的是,无论是福康涅的后台认知或是埃文斯的前台认知,都是社会学拟剧论视角在认知语言学领域的运用。在戈夫曼的舞台隐喻里,当个体对特定受众表演社会角色时,语言作为这一前台演出最主要的表征系统之一①,是演员前台表演极其重要的内容。此外,交际中的语言总是具有特定意图、面向特定受众的,根据戈夫曼的拟剧论,语言交际行为本身便是一种互动性的社会表演,从这一层意义上来说,语言亦属于前台事件。而概念认知机制尽管在前台语言表演过程中同时在线工作,但依然属于后台事件。戈夫曼是这样解释这个问题的:"这就好比舞台演出时,灯光师需要追光,录音师同时录音,工程师进行现场直播,他们都参与了这个表演,促成了演出的顺利进行,但他们隐身在观众视线之后,因此,可称作是 backstage crew,即后台工作人员。"(Goffman,1959:152)这个比喻很形象地点明了前台认知与后台认知之间的关系。

在接下来的第三节和第四节中,笔者将从概念隐喻和概念转喻这两个后台认知机制的角度对隐喻簇这一前台语言现象的认知理据进行探讨。

第三节　概念隐喻认知理据

透过语言现象发掘深层认知机制,是认知语言学研究的基本

---

① 舞台演出是一个多模态的符号表征形式,除了语言表征,还包括表情、手势、体态、音调、服饰等其他表征系统。

路径之一。早在 20 世纪 80 年代，认知语言学家马克·特纳（Mark Turner）便在其代表作《心中之身：意义，想象和理智的身体基础》(*The Body in the Mind*: *bodily basis of meaning, imagination and reason*) 一书中指出，概念隐喻的系统性是语言中隐喻语言表达成簇共现的认知理据（Mark Turner, 1987：105）。

表 5-1 和表 5-2 的统计数据有力印证了语料库中隐喻簇与其赖以形成的概念隐喻之间的密切关系。结果显示，包含结构隐喻的人生隐喻簇占隐喻簇总数的 70% 左右，是人生隐喻簇形成的最主要概念来源。其中，拥有 4 个以上喻体词项的隐喻簇，绝大部分是由"人生是旅行"和"人生是食物"这两个结构隐喻构成的，可见，这两个人生概念隐喻是中国人在对"人生"进行概念化时最主要的文化模型（cultural model）。同时，这也表明，隐喻蕴含（metaphorical entailment）（Kovecses，2002）越丰富，隐喻簇爆发力越强，出现多个喻体、形成隐喻簇的可能性越大。

此外，14% 左右的人生隐喻簇包含人生实体隐喻和人生方位隐喻，是仅次于结构隐喻的、构成"人生"隐喻的重要概念来源。但是，由于这两种隐喻的跨域映射关系表现出图式化（image-schematic）的特征，映射结构相对抽象，故单纯由实体隐喻或方位隐喻构成的隐喻簇，一般出现在拥有 2—3 个喻体词项的小规模隐喻簇中。

基于语料库数据，本节将从结构隐喻、实体隐喻和方位隐喻三个主要的人生隐喻类别来探讨人生隐喻簇涌现的后台认知理据。本节将通过根隐喻的系统派生来探讨结构隐喻，而实体隐喻和方位隐喻则统一纳入词汇化、语法化的规约隐喻的范畴之下进行讨论。

一 根隐喻的派生

根隐喻（root metaphor）的系统派生，是前台语言系统中隐喻语言成簇爆发的重要后台认知理据。根隐喻的派生常常表现为结构隐喻（structural metaphor）。根据表 5 – 1 的数据，中国文化

表 5 – 1 　　　　　"人生"隐喻的频率及概念分布

隐喻数据＼类型	人生隐喻总数	隐喻簇总数	该类型隐喻簇占隐喻总数比（%）	该类型隐喻簇占隐喻簇总数比（%）
	155	136	87.7	
人生是旅行	84	79	94	58.1
人生是食物	12	12	100	8.8
人生是戏	7	5	71.4	3.7
人生是战争	2	2	100	1.5
人生是建筑	5	3	60.0	2.2
人生是植物	3	3	100	2.2
人生是河	2	2	100	1.4
人生是比赛	2	2	100	1.5
人生是谈判	1	1	100	0.7
人生是游泳	1	1	100	0.7
人生是桎梏	1	1	100	0.7
人生是典当	1	1	100	0.7
人生打牌	1	1	100	0.7
人生是信用卡	1	1	100	0.7
人生是方程式	1	1	100	0.7
人生是秋天	1	1	100	0.7
人生是目标	1	1	100	0.7
人生是画	1	1	100	0.7
人生的不同阶段是前生后世	3	3	100	2
人生实体隐喻	17	16	94	11.8
人生方位隐喻	10	6	60	4.4

表 5-2　"人生"隐喻的主要概念分布①（第一期语料库）

喻体词项个数	包含该喻体个数的隐喻簇总数	人生是旅行		人生是食物		人生是戏		人生是战		人生是植物		人生是河		人生是建筑		人生实体隐喻		人生方位隐喻	
2	26	8	30.8%	1	3.8%	2	7.7%			1	3.8%			2	7.7%	4	15.4%	5	19.2%
3	29	16	55.2%									1	3.4%	1	3.4%	7	24.1%		
4	23	13	56.5%	3	13.0%	1	4.3%									2	8.7%		
5	10	5	50.0%	1	10.0%	1	10.0%					1	10.0%					1	10.0%
6	10	7	70.0%	1	10.0%			2	20.0%										
7	9	7	77.8%							1	11.1%					1	11.1%		
8	7	6	85.7%	2	28.6%	1	14.3%					1	14.3%						
9	11	8	72.7%	2	18.2%					1	9.1%					2	18.2%		
10	2	2	100.0%																
11	3	1	33.3%	2	66.7%														

① 第一期语料库中共识别 136 个人生隐喻簇，共计 22 类人生概念隐喻。此表仅列出其中主要的 9 类，包括 7 个结构隐喻，以及实体隐喻和方位隐喻，已计入 120 个隐喻簇之中。另外，由于混杂隐喻簇的频繁出现，同一个隐喻簇中包含多个结构隐喻的情况并非少见，这种情况下，同一个隐喻簇纳入了不同概念隐喻的分布统计中。

续表

喻体词项个数	包含该喻体个数的隐喻簇总数	人生是旅行		人生是食物		人生是戏		人生是战争		人生是植物		人生是河		人生是建筑		人生实体隐喻		人生方位隐喻	
12	3	3	100.0%																
13	1	1	100.0%																
18	2	2	100.0%																
136	79		58.1%	12	8.8%	5	3.7%	2	1.5%	3	2.2%	3	2.2%	3	2.2%	16	11.8%	6	4.4%

第五章 簇的涌现：从后台到前台

对人生的理解和领悟，涉及从诸多不同始源域，围绕特定的根隐喻，向"人生"目标域进行系统的跨域映射，形成了一系列结构隐喻，其中最主要的两个根隐喻是"人生是旅行"和"人生是食物"，其他根隐喻还包括"人生是戏""人生是战争""人生是建筑""人生是植物""人生是比赛""人生是谈判""人生是河"等。在后台隐喻思维生成的过程中，在根隐喻的指导下，始源域的一系列相关概念被派生，向目标域展开结构性的映射，形成语境下特定的结构隐喻簇。

结构隐喻作为隐喻的一种，顾名思义，是有关"结构"的跨域映射，即将始源域中的概念结构投射到目标域中，为目标域的理解提供较为丰富的知识结构。[①] 也就是说，结构隐喻的认知功能就是使得说话者和听话者通过始源域 B 的结构来理解目标域 A。结构隐喻在语言生成的过程中，由于其跨域映射蕴含丰富，往往通过围绕根隐喻进行的系统派生，在语言中表征为彼此关联的喻体词汇，成簇共现在邻近语篇中。如"人生是旅程"就是这个结构隐喻中的根隐喻。围绕着这个根隐喻，我们会基于"人生"概念域和"旅程"概念域中的有相互关联的概念知识细化（elaborate）出一系列派生隐喻。基于"人生是旅行"这个根隐喻的结构隐喻簇占语料中所有人生隐喻簇的58%，同时94%的包含旅行喻体词项的人生隐喻语言都是隐喻簇，可见这一根隐喻的派生能力很强，在前台语言系统中，具有丰富的喻体词汇资源，对人生的方方面面进行丰富的刻画。

[①] Lakoff, G & Johnson, M., *Metaphors We Live By*, The University of Chicago Press, 1980.

以下是语料库中结构隐喻簇的示例。

（1）因为对当事人来讲，这是一条崎岖且很大概率上没有终点的道路，在这条路上，充满无尽的艰辛和坚持，要一次一次地接受上帝的宣判，还要在各种流言蜚语的压力下咬着牙，给自己希望和动力。(《读者》2012年第23期)

（2）孩子的"祭文"，让他在人生道路上做了一个美丽的U形转换。U形转换之后，才豁然发现眼前的风景居然绮丽如斯。(《读者》2012年第23期)

（3）说小了，人生就是一场跟岁月的谈判。很多人过的拧巴，就是单方面想赢，忽略了岁月的力量。人到四十多岁头发会白，眼睛会花，你改变生活方式，向岁月妥协，岁月也会像你妥协半步。(《读者》2012年第22期)

（4）是的，这就是人生，咸有咸的味道，淡有淡的味道。(《读者》2012年第21期)

（5）当时我觉得人生就像一场刚开始的盛宴，美味佳肴会不断出现，错过一两道菜也没关系，后面肯定还有更好的，但拉尔夫众位改变了我的观念。(《读者》2012年第23期)

二 隐喻的规约化

隐喻性思维和我们所处的社会文化背景总是具有一致性的。随着文化和历史环境的变迁，新的隐喻思维方式会应运而生，规约性较低的隐喻有可能逐渐固化为规约性隐喻，那些习以为常的隐喻或已于时代脱节的隐喻也可能凋亡脱落，而实体隐喻和方位隐喻因其体验基础直接与人类自身的身体结构、功能和感知动力模式相关，其规约性程度相当高。总体而言，隐喻的规约性是一个从发生到发展、规约化、凋亡，甚至复活的生命历程。

概念系统中，规约程度较高的隐喻，常常在前台语言系统中表现出词汇化和语法化的特征，大量涌现在我们的日常语言中。隐喻的规约性是一个连续统的关系，规约隐喻涵盖范围也比较广，这一节，我们根据语料库数据，主要聚焦于两种词汇化、语法化程度较高的规约隐喻，即上文提到的方位隐喻和实体隐喻。

与方位隐喻和实体隐喻的规约性不同，前一节中讨论的根隐喻本身可以是非规约性的新概念隐喻；同时，规约性的根隐喻也可以派生出非规约性的新隐喻。在一定程度上，根隐喻的派生也是非规约性的新隐喻涌现的重要方式。而方位隐喻和实体隐喻基本为规约程度极高的隐喻，它们在后台概念系统中大量存在，对譬如"时间"等抽象概念域具有不可或缺的建构性（constitutive），是前台语言系统中构成隐喻簇，甚至混杂隐喻簇的不可忽视的后台认知理据之一。

表5-2的语料库数据显示，在由两个喻体构成的隐喻簇中，27%的隐喻簇含有人生方位隐喻或人生实体隐喻。而根据表5-1，第一期语料中，含有人生方位隐喻的隐喻语言，60%为隐喻簇；含有实体隐喻的隐喻语言，94%为隐喻簇。这些数据表明，一方面，方位隐喻和实体隐喻主要出现在语篇跨度较小的隐喻簇中；另一方面，当这两种规约隐喻出现在隐喻语言中时，由于这两种

概念隐喻在前台语言系统中通常和隐喻本体词项"人生"共现，故而这两类概念隐喻与其他人生隐喻喻体词项在邻近语篇中共现、并形成隐喻簇的可能性较大。

(一) 方位隐喻

所谓方位隐喻（orientational metaphor），就是通过方位关系来概念化某一事物的一种认知方式。在方位隐喻中，我们赋予一个概念以空间方位，并通过相互对应的方位关系组建起一系列彼此相关的隐喻。[①] 由于这些方位关系主要都是空间关系，因此方位隐喻又被称为空间隐喻（Spatial Metaphor）。空间方位概念的获得是具有体验性基础的。我们自身的身体构造和功能，深刻地影响了我们在日常生活中与外部世界互动的方式。在这种人类特有的互动过程中，我们自然而然地习得了空间和方位概念。空间方位概念是人类在婴幼儿早期习得的概念之一。世界上无论哪种语言，都有对于空间和方位概念的描述。正由于空间方位概念具有如此普遍和直观的心理体验基础，将它作为始源域映射到以时间概念或其他抽象概念组成的目标域中，有助于我们的大脑以省力的方式通过前者形象地理解后者。[②]

(6)"我想他这样下去，只能跟社会与家人之间脱节得愈来愈严重，我该怎么办？"（《读者》2012年第21期）

(7) 她以自己有限的想象力来想象房间里接下来上演的

[①] Lakoff, G & Johnson, M., *Metaphors We Live By*, Chicago: The University of Chicago Press, 1980, pp. 14 – 17.

[②] Lakoff, G & Johnson, M., *Metaphors We Live By*, Chicago: The University of Chicago Press, 1980, pp. 14 – 21.

故事，心头就像着了火。(《读者》2012 年第 21 期)

(8) 他只能认真地告诉小熊："如果有一天我不在了，你一定要好好的生活下去。"(《读者》2012 年第 21 期)

在例（6）—（8）中，"下去""下来""上演"都是词汇化了的方位隐喻。我们通过空间方位来概念化时间，并通过"下去""下来"这些空间方位词汇来指称特定的时间关系。这种空间—时间隐喻在英语、汉语等许多语言中广泛存在，反映了人类认知的共同特征。方位隐喻和实体隐喻都是基础（primary）的后台概念隐喻，是认知无意识（cognitive unconscious）的一部分（Lakoff & Johnson, 1999：ch 1）。离开方位隐喻，很难想象该如何谈论时间。

方位隐喻具有系统性。[1] 其系统性使得其在自然语言中的表达也呈现出系统性。首先，方位隐喻具有空间上的内部对应性。比如上和下、前和后、里和外等。这种对应关系经过从始源域到目标域的映射之后，也在目标域的概念中体现了出来，如兴高采烈、情绪低落，通过互相对应的"高""低"方位关系惟妙惟肖地刻画了相对抽象的情绪概念。其次，方位隐喻具有内部的系统性。还是以上文提到的"快乐是向上的"（happy is up）这个方位隐喻为例，它在汉语中有一系列的表现形式，如兴高采烈、精神振奋、欢呼雀跃、喜上眉梢等。同样，"悲伤是向下的"（sad is down）这个与之对应的方位隐喻，也在语言中有各种表达形式，如心情低落、提不起精神、垂头丧气、一蹶不振等。最后，方位隐喻具有外部系统

---

[1] Lakoff, G & Johnson, M., *Metaphors We Live By*, Chicago：The University of Chicago Press, 1980, pp. 14 – 21.

性。在我们通过方位概念来隐喻式地理解抽象概念的认知过程中，我们将一系列抽象概念与同一个空间关系联系在一起，形成众多与这个空间关系有关的方位隐喻，这些不同的方位隐喻彼此一致，体现了方位隐喻之间的外部系统性。比如，关于"向上"的方位隐喻，莱考夫就总结出了十种（Lakoff，1980：15）。除了上文提到的"快乐是向上的"，还有一系列与之在一定文化和社会历史背景中相兼容的隐喻，如"有意识是向上的"（conscious is up）、"健康和有生命力是向上的"（healthy and life are up）、"控制和力量是向上的"（having control or force is up）、"多是向上的"（more is up）、"地位是向上的"（status is up）、"品德是向上的"（virtue is up）、"理智是向上的"（rational is up）等。这些彼此一致的方位隐喻在语言中也得到了丰富多彩的体现，如"仰慕""吹捧""抬举""（身体）好起来""拔尖""上级""（品德）高尚""高价""高抬贵手""鼓起勇气""提起精神"等，这些隐喻式思维的珍宝散落在语言中，生动而易于理解，闪烁着先人智慧的光芒。

（二）实体隐喻

实体隐喻（ontological metaphor）在我们概念化非实体事物的认知过程中发挥着极其重要的作用。我们在理解和谈论诸如思想、情感、时间、事件等抽象经验的时候，如一个小时、一个想法、一份感情、一件事情、一场比赛等，就必须把它们看作可以范畴化、可以量化、可以拿捏操作的实体。又比如山峦、街道、天空、视野（visual field）等这些没有明确边界的事物，我们为了能方便理解它们，以及它们与其他事物的关系，我们也必须将它们看作是一个独立的（discrete）、有内在结构和明确外部边界（bounded）的实体或容器，比如山腰、街角、空中、消失在视线中等。这种将我们对实体进行概念化的方式，映射到对非实体概念的理解中的认知机制，就是实体隐喻。①

（9）A. 他目送父亲远去，直至父亲的背影消失在他的视线里。

B. 师徒四人尝尽千辛万苦，终于取得真经。

C. 她的真诚深深打动了在座的每一个人。

D. 许多大学毕业生来到上海寻找财富和梦想。

E. 长期的压力和辛劳终于把他压垮了。

实体隐喻的使用可以实现各种不同的认知目的。例（9）中的5个句子列举了其中常见的五种②：

第一，指称（referring）。在 A 中，"视线"本身无所谓"线"，更不存在"里外"结构，通过本体隐喻，使其被实体化，因此，我们可以称它为"视线"。有了这种本体隐喻，我们才有可能去指称和谈论"视线"这种虚拟存在的抽象事物，更通过本体隐喻，赋予了它内外部结构，因此有了"视线里"这种生动易懂的语言表达形式。

第二，量化（Quantifying）。在 B 中，"辛苦"作为一个抽象的概念，本是无法被量化的，因为只有实体才可以被量化。通过本体隐喻，"辛苦"被视为可以被"尝"的食品，使其涌现出了（emergent）可被量化的特征，因此有了（2）中的"千辛万苦"。

---

① Lakoff, G. & Johnson, M., *Metaphors We Live By*, Chicago：The University of Chicago Press, 1980, pp. 25 – 32.

② Lakoff, G. & Johnson, M., *Metaphors We Live By*, Chicago：The University of Chicago Press, 1980, pp. 25 – 32.

这样一来，说话者能够形象地谈论"辛苦"的程度了。

第三，角度凸显（Identifying Aspects）。在 C 中，"打动"本是一种感知运动经验（sensory-motor experience），能够"打动"人的在其始源域中应当是一种物质性的力量（physical force）。这里，"真诚"作为一种抽象的特质被实体化，从而具有了物质力量的属性，"打动了在座的每一个人"。"她的真诚"作为"她"性格中的一个重要方面得到了凸显。当然，在这个句子中被实体化的不只是"真诚"，因为在目标域中，被"打动"的实则是人的情感和心灵。因此，在 C 中还隐藏了另一个本体隐喻，那就是将"情感和心灵"看作是可以被"打动"的实体概念，使其与"真诚"之间发生了一种只存在于实体事物之间的"打动"与"被打动"的物质性力量关系，这种关系亦可被称为力量接触图式（Force-contact Schema）。

第四，目标和动力（setting goals and motivating actions）。在 D 中，"寻找"和"打动"一样也是一种感知运动经验（sensory-motor experience），能够被"寻找"的在其始源域中也必是实体性事物。在这里，"财富与梦想"虽然可以得到物质性体现，但其本身属于抽象概念。通过本体隐喻，它被实体化，成为一种可以被"寻找"的实体事物。通过这个隐喻，"大学生"来上海的目的和动力，即"寻找财富和梦想"得到了形象的描述。

第五，原因（Identifying Causes）。在 E 中，目标域中的"压力和辛劳"通过本体隐喻被看作是可以对其他物体施加力量的实体，从而将"他"压垮。这个隐喻指出了"他"被"压垮"的原因。除此之外，我们还应看到，"他"被"压垮"实则还体现了一系列的方位隐喻，即"被施以力量是向下的、难过是向下的、疾病和无生命力是向下的"。

很多情况下，本体隐喻都会和其他隐喻尤其是方位隐喻一起发挥作用。例如在 E 中，"他"并不是真的身体被压倒，而是"压力和辛劳"给他带来的身体上的病痛或精神上的低落。莱考夫认为，在我们的经验中，生病的人往往是需要卧床休息的，身体处于一种"倒下"的姿态，这是"疾病和无生命力是向下的"这个方位隐喻的体验基础；而情绪低落的人，也往往体现出向下的面部表情和身体姿态，这是"难过是向下的"这个方位隐喻的体验基础；而当把一个较重物体置于一个较轻的物体之上，力量悬殊越大，处于下方的物体就越容易被压垮，这是"被施以力量是向下的"这个方位隐喻的体验基础。

(10) 其实，任何人的成功都是从磨炼中得来的。挫折和失败并不是人生中的"意外"，而是一个人成长道路上的必然，是生活中最珍贵的馈赠。(《读者》2012 年第 1 期)

(11) 对于这篇故事，许多人都能脱口而出作者的笔名——欧·亨利，他创造的"欧·亨利式结尾"令他享誉世界，但是很少人知道，支撑"欧·亨利"这个笔名的是一段充满了悲情与绝望的人生。(《读者》2012 年第 22 期)

在例 (10) 和例 (11) 中，均通过实体隐喻对"人生"这个抽象概念进行了生动的描述。如例 (10) 的"人生中"便是将人生看作可以容纳事物的容器，通过这一实体隐喻来喻指"挫折"和"失败"与我的"人生"之间抽象的包含关系；例 (11) 也是通过喻体词项"一段"和"充满"将人生喻作一个长形的容器，并通过这一实体隐喻来喻指作为主观情绪的"悲情和绝望"

与"欧·亨利的人生"之间抽象的包含关系。

第四节　概念转喻认知理据

一　转喻簇

转喻是人类最基本的认知机制之一，是认知语言学研究的重点和前沿。20世纪80年代，伴随着隐喻研究的深入，转喻作为一种泛在的认知机制开始受到认知语言学家的关注（Lakoff & Johnson, 1980; Lakoff, 1987; Goossen, 1990; Croft, 1993; Kovecses, 1998）。学者们试图从不同的角度解释转喻的本质，如莱考夫的理想认知模式观（Lakoff, 1987），兰盖克的参照点观（Langacker, 1993），威廉·克罗夫特（William Croft）（1993）的认知域凸显观（domain highlighting），以及鲁伊斯·德·门多萨（Ruiz de Mendoza）（2002）的意义详述观等，但仍未有一个统一的理论模型如概念隐喻理论一样得到认知语言学界的普遍支持。现有的转喻研究未找到一个统一的理论框架对各种转喻现象进行连贯的解释，形成了转喻研究的各个子领域被诸多理论割据的局面，如莱考夫、巴塞罗那、考威塞斯等人的概念转喻理论，福康涅和特纳的心理空间和概念整合理论，潘瑟、桑伯格和门多萨等人的语用转喻推理理论，兰盖克和潘瑟等人的语法转喻理论等。在一个统一的理论框架下对概念转喻及其与语言符号互动机制进行连贯的研究迫在眉睫。

然而，纵观现有的研究，主要集中在从概念层面，或称认知机制层面，对隐喻和转喻的关系进行剖析。作为一种认知机制，转喻的实现依赖符号系统的介导。语言符号作为转喻的意义介导工具，其与转喻在意义建构中的相互作用机制在现有的转喻研究中被极大忽略。

此外，转喻与隐喻作为认知机制的互动模式虽已有许多研究，但是，对作为转喻的语言表征形式的转喻簇的研究却尚属空白，更不必说转喻簇与隐喻簇在自然语言中的共现与互动。笔者对转喻簇的发现亦是在对大量语料库进行历时数月的人工编码标注过程中意外收获的，这不仅为进一步揭示隐喻与转喻的互动模式提供了重要依据，同时也为笔者探索隐喻簇生成的认知理据提供了重要的线索和思路。

转喻簇是转喻语言的重要表现形式。在隐喻簇语料的观察分析过程中，我们发现，不仅隐喻语言呈现多喻体共现的隐喻簇形式，转喻语言同样也会成簇共现在隐喻簇语篇中。这种多个转喻载体共现在一个邻近语篇中的现象，笔者称之为转喻簇。如图5-1所示，29.2%的隐喻簇同时也是转喻簇。30%的参与人生隐喻构建的转喻都呈现转喻簇的形式。在包含转喻的隐喻簇中，20.8%的隐喻簇为基于转喻簇的人生隐喻簇。71.4%的转喻簇出现在参与人生隐喻构建的转喻语言中。

				隐喻簇
			包含转喻的隐喻簇	136
		包含转喻簇的隐喻簇	24	17.6%
	基于转喻的人生隐喻簇	7	29.2%	5.1%
基于转喻簇的人生隐喻簇	15		62.5%	11%
5	30%	71.4%	20.8%	3.7%

图5-1 转喻簇与基于转喻的隐喻簇（第一期语料库）

所有包含转喻簇的人生隐喻簇均来自人生是旅行隐喻簇，这表明转喻簇的出现与隐喻蕴含的丰富程度密切相关。跨域映射的蕴含越丰富，规约性越强，出现转喻簇的可能性越高。

（12）杰克·凯鲁亚特的小说《在路上》里有这样一段话："你的道路是什么，老兄？乖孩子的路，疯子的路，五彩的路，浪荡子的路，任何的路。到底在什么地方，给什么人，怎么走呢？"（《读者》2012年第23期）

（13）跳出了原来的桎梏，回首前尘，才发现过去叠床架屋的繁琐行政和惊涛骇浪的人事倾轧，对于精神而言都是一种无形的折磨。（《读者》2012年第23期）

（14）既然决定带我和弟弟留在北平，母亲仿佛是从一阵狂风中回来，风住了，拍拍身上的尘土。（《读者》2012年第22期）

（15）当长得帅的男子或漂亮的女性从事脑力工作时，我们会对他们刮目相看，因为我们知道，他们本可以选择靠脸吃饭的道路。（《读者》2012年第21期）

（16）你是辆什么车，你想最终去往哪里，你会以什么速度，走在什么路上，千万别用那些标准答案回答——我是辆法拉利、走在高速公路、开往迪拜、一路超车。（《读者》2012年第21期）

（17）丽莉，路还很长，希望你能够内心安静地生活。将来有这么一天，掌声没有了，闪光灯没有了，在家里和先生一起过平淡的日子，这样平淡的日子慢慢的走，这才叫生活。（《读者》2012年第21期）

例（12）是由多个部分带部分转喻构成的转喻簇，包括乖孩子指代乖孩子所具有的典型特征——顺从，疯子指代疯子所具有的典型特征——不按平常逻辑行动，浪荡子指代浪荡子所具有的典型特征——放荡不羁，基于转喻，这些被激活的靶目标进一步作为喻体喻指不同的人生。例（13）中，基于走路时会扬起尘土这一日常生活经验，载体"前尘"被用于指代"走过的路"，并基于这一转喻，进一步作为喻体喻指人生经历。

二 隐喻与转喻的共现

随着对转喻研究的广泛开展和对语料的观察分析，越来越多的学者赞同转喻是比隐喻更为基本的人类特有的思维方式（Taylor，1995；Panther & Radden，1999；Neimeier，2000；Barcelona，2000）。内梅尔（2000：199）通过对"心"的修辞性用法的研究发现，英语中以"心"为目标域的隐喻建构都具有转喻基础。巴塞罗那（2000）更激烈地指出，概括（generalization）作为使隐喻机制得以运作的人类更基本的认知能力本质上是转喻的，转喻是隐喻生成的基础。

本书在对以"人生"为目标域的隐喻语料进行定量和定性分析的过程中，发现转喻语言时常出现在隐喻语言中，互动频繁。表 5-3 的数据显示，在第一期语料库中，17.6% 的隐喻簇语料都伴随着转喻语言的出现。

表 5-3　隐喻簇与转喻语言的互动频率（第一期语料库）

	包含转喻的隐喻簇	隐喻簇
		136
基于转喻的人生隐喻簇	24	17.6%
15	62.5%	11%

（18）因为对当事人来讲，这是一条崎岖且很大概率上没有终点的道路，在这条路上，充满无尽的艰辛和坚持，要一次一次地接受上帝的宣判，还要在各种流言蜚语的压力下咬着牙，给自己希望和动力。(《读者》2012年第23期)

（19）我无法去追问，那个摔碎酒瓶、扔了一地长生果的老人，究竟是怎样的人生经历造就了现在的他；我也无法去猜度所有跟我一样奔跑在时间路上的人，他们的内心，他们的遗憾，他们的明天……(《读者》2012年第23期)

（20）那么，可以说张幼仪是裹着"小脚"踏上现代之路的。(《读者》2012年第21期)

例（18）—（20）是伴随隐喻簇共现的转喻语言。在上例中，通过身体动作"咬着牙"指代造成"咬着牙"这一动作发生的心理状态，用"内心"指代内心的想法，用"明天"指代由明天作为一部分构成的未来，用"裹着小脚"指代造成裹小脚这一现象出现的封建传统。

三 基于转喻的隐喻簇

在所有伴随转喻语言出现的隐喻簇语料中，11%的隐喻簇是基于转喻的隐喻簇，62.5%的包含转喻语言的隐喻簇中至少有一个或一个以上的喻体是基于转喻生成的。这一研究结果，不仅为隐喻簇的生成提供了认知理据，同时也为"隐喻的转喻基础"这一假设提供了新的实证证据。

（21）回首自己一生的历程，星云大师感慨地说："真像是夜晚的星星，光芒虽然弱小，但总是努力地闪耀；又像天上的白云，尽管漂浮不定，但是在无限的时空中，一颗颗星星，一片片白云，所结合起来的星云，却能够超越时空，亘古长存。"(《读者》2012 年第 22 期)

（22）曾经共同走过风雨的女朋友，现在，他已经认不出来了。(《读者》2012 年第 21 期)

（23）他的前半生是姹紫嫣红开遍，饱满如繁花盛开的春天；他的后半生仿佛一位大家的山水画，山寒水瘦，素洁、安然。(《读者》2012 年第 21 期)

例（21）—（23）是基于转喻的隐喻簇。在例（21）中，由于眼睛与头部的部分与整体的关系，"回首"用来指代"回望"。基于这一转喻，回望进一步喻指本体"回忆"，并与"历程"共同构建了"人生是旅程"隐喻。同理，例（22）中，转喻载体"风雨"通过因果关系用于转指"风雨造成的难走的路"，基于这一转喻，"难走的路"进一步喻指本体"困境"，与喻体"走过"共同构建了"人生是旅程"隐喻。在例（23）中，转喻载体"姹紫嫣红"作为花的一种属性，转喻式地指代"花"，而在心理空间中被激活的"花"这一个概念继续在认知层面作为喻体喻指"他的前半生"。

四 基础隐喻的转喻本质

基础隐喻（primary metaphor）和复杂隐喻（complex metaphor）这对概念是由约瑟夫·格雷迪（Joseph Grady）（1997）首次提出的。莱考夫和约翰逊在其合著的《肉身中的哲学》（*Philosophy in the Flesh*）一书中对这对概念进行了详细的阐述（Lakoff & Johnson,

1999: 49-58)。他们指出了隐喻系统内部存在基础隐喻和复杂隐喻的区分，每一个复杂隐喻都是由一个或多个基础隐喻构成的，而一个抽象概念的建构往往需要一个或多个复杂隐喻。基础隐喻和复杂隐喻都属于人类无意识的认知活动。① 第四节中提到的方位隐喻即属于基础隐喻的范畴。基础隐喻处于隐喻系统的底层，是复杂隐喻形成的前提，更是概念系统（conceptual system）的基础。一般来说，基础隐喻中的始源域主要来自感知运动经验（sensory-motor experiences），而目标域主要是诸如情感、判断等主观经验（subjective experiences）。基础隐喻使得来自感知运动经验域的意象图式或图像能够被用以理解较为抽象的主观经验域。② 例如，我已经掌握了要领。显然"掌握"是一个物理动作，而"要领"是一种抽象概念。通过隐喻，使得我们可以用"掌握物体"的物理逻辑（physical logic）来推理"理解要领"这样的主观经验。这种隐喻性思维是具有直接的体验性基础的。当我们将一个物体握在手中，我们就能将它看清楚，进而理解它。这种简单的日常经验使我们在"掌握"这样一种感知运动经验和"理解"这样一种主观思维活动之间建立起了互相关联（correlation）。基础隐喻正是基于这种互相关联而生成的。③

比如，在例（6）—（7）中便包含"人生是向下的"和"集中注意力是向上的"这两个基础隐喻。人生最后都难免生命的消

---

① Lakoff, G & Johnson, M., *Philosophy in the Flesh*: *The Embodied Mind and Its Challenge to Western Thought*, Basic Books, 1999, pp. 45-73.
② Lakoff, G & Johnson, M., *Philosophy in the Flesh*: *The Embodied Mind and Its Challenge to Western Thought*, Basic Books, 1999, pp. 45-73.
③ Lakoff, G & Johnson, M., *Philosophy in the Flesh*: *The Embodied Mind and Its Challenge to Western Thought*, Basic Books, 1999, pp. 45-73.

亡，这种主观体会使得我们在"人生的延续"与"向下的方位关系"之间产生相互关联。同样的道理，我们通过经验知道"演出"是需要集中注意力的。在我们的感知运动经验中，当注意力集中时，人呈现出相对兴奋的状态，表情、语调和体态都呈现出向上的趋势。这一经验，使得我们将"注意力集中"和"向上的方位关系"之间相互关联。而转喻正是在一个共同经验域中用一个事物指代相互关联的另一个事物。当来自主观经验域和感知运动经验域的两个不同概念经常通过日常经验被联系在一起达到一定的次数，神经层面的突触权重就会改变，与这两个概念相关的神经元之间会形成稳定的神经线路，使得我们的大脑可以无意识地、自发地通过感知运动域的经验来转喻式地理解与之关联的主观经验，并在语言系统中形成大量诸如例（6）—（7）的我们习以为常、通俗易懂的语言表达形式。

  Kovecses（2002：157-159）将转喻关系（metonymic relationship）概括为三类，即整部关系（part-whole）、因果关系（cause-effect）和体验互相关联关系（correlation in experience）。根据这一分类，例（21）和例（23）所体现的转喻关系属于整部关系，例（22）属因果关系范畴，而本节中基础隐喻的生成所基于的转喻关系则属于体验互相关联关系。考威塞斯进一步论证："互相关联（correlation）这一概念对于研究隐喻和转喻之间的关系具有非常重要的启示意义。互相关联关系将来自两个遥远的经验域置于一个共同的经验域之中。如果跨域映射和域内映射是隐喻和转喻的标志性区别，那么基础隐喻的生成所基于的互相关联关系本质上是转喻的。"（Kovecses，2002：244）

第六章　意义的接入与组构

本章在接入语义学视角下，系统分析了隐喻簇的意义接入和组构，对隐喻簇的意义组构过程进行了阐述，也对隐喻簇的主要类别混杂隐喻簇的语义连贯机制进行了探讨。接入是从前台语义结构到后台概念结构的接入，组构是意义接入过程中的语义组构机制；接入提出了从词汇概念到认知模式的意义的一般行进路线，组构则规定了特定语境下的特定语义实现路线和方式。

本章分为五个部分。第一部分概述接入语义学视角下的接入与组构。第二部分从认知接入的视角，探讨喻体词汇概念所提供接入的认知模式在始源域和目标域层面的语义冲突和统一，对始源域和目标域的接入路线进行了阐释，指出了混杂隐喻的语义"混杂"仅表现在基本认知模式层面，次级认知模式间的统一是混杂隐喻簇获得语义连贯的核心机制。第三、第四部分分别阐述了选择、整合、诠释三大语义组构机制对隐喻簇进行语义组构的工作机制。第五部分基于特定的隐喻簇案例，对隐喻簇意义实现的整个过程进行了较为完整的阐释。

第一节　接入与组构

接入语义学是一门关于意义的理论。它认为，意义是在从前台向后台提供接入的过程中通过语义组构机制建构的。接入与组构是接入语义学意义建构理论的两大核心。接入解释了从前台语义结构向后台概念结构提供接入的意义建构路线；组构解释了特定语境下实现意义接入的语义组构机制。两者相辅相成，是一个过程的不同阶段。

接入语义学认为，以语言符号为介导的意义建构是基于语言符号系统和概念结构系统进行的。接入与组构与这两大系统密切相关。接入是关于语义表征的问题，即如何从语言系统接入概念系统的问题，解释了意义所赖以生成的、从前台到后台的接入路径；组构是关于语义组构的问题，即如何对向概念系统提供接入的语言系统中的词汇概念进行诠释，并使其获得语境下丰富的概念内容，是意义赖以生成的语义组构机制。接入与组构两部分构成了一个完整的语言符号介导的意义建构理论。

此前的 CMT 概念隐喻理论、概念整合理论等意义建构理论都属于后台认知理论，主要专注概念系统在意义建构中的作用机制。概念隐喻理论（CMT）作为从概念层面解释隐喻的一般理论，因为过于笼统而不能合理地解释混杂隐喻现象（Cornelia Müller，2009：148；Kimmel，2010：112）。在认知语言学的研究范式下，兰盖克（1987，1999，2008）的认知语法理论和阿黛尔·哥德伯格（Adele Goldberg）（1995，2006）的构式语法理论均对语义的组构性有过论述。兰盖克的认知语法认为，语义的组构性是由于概念依赖性词汇概念（conceptually dependent lexical concept）的存在。概念依赖性词汇概念具有图式化的射体（TR）和坐标（LM）。这些射体和坐标被称为详述站（elaboration sites），依赖名词性词汇概念等概念上独立（conceptually independent）的词汇概念对自身进行填充和详述（elaborate）。但兰盖克所提出的语言可直接编码概念内容这一假设极大忽略了语言系统本身在语义组构过程中的重要作用。① 此外，兰盖克和哥德伯格的理论框架并未详细探讨语义组构的具体过程和具体运作机制，因此，理论可操作性具有一定不足。LCCM 理论框架下的语义组构理论针对这些缺陷进行了重要的发展。LCCM 理论将语义表征和语义组构机制视作其理论核心。通过区分前台认知和后台认知、语言系统和概念系统、语义结构和概念结构、语言内容和概念内容等一系列对应概念，通过阐述具体可操作的语言系统和概念系统的语义组构互动机制，LCCM 理论强调语言在语言介导意义建构中的重要作用，并进行了具体的阐述。相比较而言，LCCM 理论本质上是前台认知理论。② 它的独特之处在于，强调语言系统本身的复杂性，探讨在意义建构过程中语言系统内部的工作机制，以及语言系统与概念系统之间的互动模式，为意义建构的研究提供了一个从前台认知到后台认知的完整统一的理论框架。

接入是关于语义表征的问题，它解释了语言系统和概念系统之间的互动方式，阐释了如何通过前台语义结构进入后台概念结构，进而实现情境话语语义的意义建构路线。接入语义学的一个基础性假设是，在以语言符号为载体的意义建构中，两种表征系统起到了至关重要的作用：一种是语言符号系统，即由词汇概念构成的语义结构；另一种是概念系统，即由认知模式构成的概念结构。认知模式根据由词汇概念接入的路径长度（length of access

---

① Evans, V., *How Words Mean*: *Lexical concepts, cognitive models and meaning construction*, Oxford University, 2009, p. 238.

② Evans, V., *How Words Mean*: *Lexical concepts, cognitive models and meaning construction*, Oxford University, 2009, p. 275.

route）又可分为基本认知模式（primary cognitive model）和次级认知模式（secondary cognitive model）。由语言系统中的词汇概念向概念系统提供接入而直接激活的认知模式被称为基本认知模式，而由基本认知模式进一步接入的下一级认知模式被称作次级认知模式。词汇概念所编码的语言内容是抽象的、图式化的、非模态的；而认知模式所包含的概念内容则是由生动的、富于细节的、多模态的模拟信号构成的。[1]

语义组构是在语义表征的基础之上进行的，分为两步：选择与融合（见图6-1）。

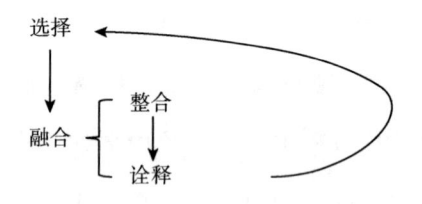

图6-1 三大语义组构机制

选择即词汇概念的选择，融合又进一步分为词汇概念的整合和诠释两个步骤。

一旦词汇概念选择完成，便进入语义融合。词汇概念整合是对语言内容的融合，旨在为概念内容的接入提供框架，整合的结果是获得一个词汇概念单位（lexical conceptual unit）。诠释则是对概念内容的融合，通过对相关词汇概念所接入的认知模式侧重进行匹配，激活相关的概念内容。同一个词汇概念单位中的两个或两个以上开放类词汇概念所提供接入的认知模式侧重之间通过

---

[1] Evans, V., *How Words Mean*: *Lexical concepts, cognitive models and meaning construction*, Oxford University, 2009, pp. 279–332.

匹配从概念系统［或称百科知识（encyclopaedic knowledge）］中获得丰富的信息刻画。获得信息刻画的词汇概念单位继续回到整合过程与下一个或下一组词汇概念进行整合，并形成一个复杂词汇概念单位（complex lexical conceptual unit）。复杂词汇概念单位又进行下一轮诠释。复杂词汇概念单位中的开放类词汇单位接入概念结构，从而获得复杂词汇概念信息刻画。如此，整合与诠释是一个不断重复的互动过程，直至话语中的每一个词汇概念都完成整合，最终获得整个话语的诠释，即话语意义（utterance meaning）。[1]

在诠释的过程中，最核心的环节是匹配[2]，而这也是隐喻和转喻语言通常与字面语言体现差异的地方。如前所述，接入语义学为隐喻簇的理解提供了一个统一的理论框架和全新视角。隐喻和转喻均被视为与字面语言同等的语言现象，享有同样的语义组构机制。区别在于，当基本认知模式被激活，并发现词汇概念单位中不同词汇概念所激活的基本认知模式关联内容发生冲突（clash），就会进入次级认知模式进行匹配，直至冲突得到解决。一般来说隐喻和转喻语言会在次级或以上认知模式内解决冲突（clash resolution）。也就是说，隐喻和转喻的喻体词汇概念接入的并非认知模式的链状层级网络中的基本认知模式，而是次级或以上认知模式，接入路线（access route）的长度与语言的修辞性程度（figurativity）有着密切的关联。[3]

---

[1] Evans, V., *How Words Mean: Lexical concepts, cognitive models and meaning construction*, Oxford University, 2009, pp. 279–332.

[2] Evans, V., *How Words Mean: Lexical concepts, cognitive models and meaning construction*, Oxford University, 2009, pp. 279–332.

[3] Evans, V., *How Words Mean: Lexical concepts, cognitive models and meaning construction*, Oxford University, 2009, pp. 290–291.

第二节 域的接入:从词汇概念到认知模式

本节从喻体词项的层面,从接入的视角,探讨单个喻体符形如何经由前台语言系统内编码的词汇概念向后台概念系统中的始源域提供接入,并最终实现从始源域词汇概念到目标域认知模式的隐喻接入过程。

符号是接入概念结构、获得情境意义的接入媒介。通过符号介导的词汇表征包含语言系统的符号单位,以及由词汇概念接入的概念系统的认知模式。因此,词汇表征涉及两套完全不同的表征系统:语言系统和概念系统。① 在埃文斯看来,词汇表征绝不等同于意义。词汇表征包含语言表征系统中的词汇概念,以及由词汇概念接入的概念表征系统中的认知模式。而意义则是特定的话语在特定语境下两个系统互动的结果。

接入语义学的一个基础性假设是,在人类的知识表征和以语言为介导的言语交际行为中,两种核心的表征系统起到了至关重要作用:一种是语言符号系统,体现为由词汇概念构成的语义结构;另一种是概念系统,即由认知模式构成的概念结构。而词汇概念与认知模式的迥异,使得语义结构和概念结构具有了本质的区别。由语言知识构成的语义结构是抽象的、图式化的、非模态的;而由模拟器构成的概念结构则是生动的、细节的、多模态的。因此,语言系统和概念系统是完全不同两种表征系统,是知识表征的不同方式。②

---

① Evans, V., *How Words Mean*: *Lexical concepts, cognitive models and meaning construction*, Oxford University, 2009, p. 45.
② Evans, V., *How Words Mean*: *Lexical concepts, cognitive models and meaning construction*, Oxford University, 2009, pp. 85 – 214.

一　语义结构与概念结构

语义结构与概念结构的区分，以及语义结构向概念结构提供接入的互动模式是除前台认知与后台认知这对核心假设之外接入语义学提出的第二大核心假设。对于隐喻而言，始源域和目标域的接入是通过语义结构向概念结构提供接入而实现的。

语义结构的基本单位是词汇概念，概念结构的基本单位是认知模式，两者分别隶属于语言系统和概念系统，分别属于前台认知和后台认知。[①]

毋庸置疑，埃文斯对语义结构和概念结构关系的阐述是具有创新性的，但其理论创新的根源却与伦纳德·泰尔米（Leonard-Talmy）的框架语义学和兰盖克的认知语法有着密切的联系，其中尤以泰尔米的认知语义学对其影响最大。泰尔米和兰盖克均认为语义知识包括两种类型：一类是图式化，另一类则是丰富生动。泰尔米更具体地将语言符号分为两个子系统：一个子系统是开放类，也就是词汇，主要包括名词、动词、形容词，另一个子系统是封闭类，也就是我们通常所说的语法，主要包括除名词、动词、形容词之外的其他所有词类，并指出封闭类子系统与图式化意义相关联，而开放类子系统则与丰富生动的意义相关联。[②] 在话语的生成和理解中，封闭类子系统提供绝大部分的"结构"，而开放类子系

[①] Evans, V., *How Words Mean: Lexical concepts, cognitive models and meaning construction*, Oxford University, 2009, pp. 85 – 214.

[②] Leonardo Talmy, "Concept Structuring System in Language", in *The New Psychology of Language: the cognitive and functional approaches to language structure*, edited by Michael Tomosello, Lawrence Erlbaum Associated Inc., 2003, p. 15.

统则提供了绝大部分的"内容"①。如在"A popstar kissed the fans"②这个句子中,"a""-ed""the""-s"隶属于语言的封闭类子系统,提供了事件框架的基本结构,譬如定冠词"the"和不定冠词"a"指出了事件的参与者是否容易辨认,时态标记"-ed"指出了事件是否已经发生,复数标记"-s"指出了参与者的数量是否多于一个。而"popstar""kiss""fan"三个词则属于语言的词汇子系统,提供了事件框架的详细信息,以及参与者之间的关系。比如"kiss"交代了施动者与受动者之间的发生的具体事件,"popstar"和"fan"交代了该事件的参与者。这样一来,传统的词汇学、句法学和语法等学科的界限被消除了,被统一在一个学科之下作为语言符号的不同子系统进行研究。

埃文斯(2008,2013)继承和发展了泰尔米的理论,但有着重要的区别,主要区别表现在三个方面。

第一,LCCM 理论没有在语言这个大的范畴层面上将语言区分为两个子系统,而是将每一个语言符号看作是一个由符形和相应的词汇概念构成的符号单位,并在词汇概念的层面上区分出两个类别,即封闭类词汇概念和开放类词汇概念。比如上例中的符形"a""-ed""the""-s",其词汇概念/a//ed//the//s/属于封闭类词汇概念,直接在语言系统内部完成加工,不向概念系统提供接入,不激活丰富的百科知识,但它们可以通过语义组构机制③在

---

① Evans, V., *How Words Mean: Lexical concepts, cognitive models and meaning construction*, Oxford University, 2009, pp. 127–148.

② Vyvyan Evans, *How Words Mean: Lexical concepts, cognitive models, and meaning construction*, Oxford University Press, 2009, p. 41.

③ 下一小节将对语义组构机制做更详解的介绍。

语言系统内部向其他成员词汇概念提供符形结构信息，从而间接地影响向概念系统提供接入的方式；而上例中的"popstar""kiss""fan"则属于开放类词汇概念，能向概念系统中的百科知识提供接入，从而激活相应的认知模式。这种区分方法，进一步弱化了语法与词汇的传统区分，将语法知识也完全纳入词汇的范畴，扩大了语言符号的词汇语义。

第二，与两者相关联的均是图式化的意义，比如上例中所有的词汇概念/a/、/popstar/、/kiss/、/ed/、/the/、/fan/、/s/均属于语言知识范畴，其本质是抽象的、图式化的。

第三，开放类词汇概念不与丰富生动的意义直接关联，而是向其提供接入。

这里提到的图式化意义便是语义结构，而丰富生动的意义则是概念结构。LCCM 理论是由语义表征和语义组构两部分构成的。语义结构和概念结构构成了 LCCM 理论框架下关于语义表征的全部内容。正是由于语义结构向概念结构提供接入才使得语言符号的意义具有了易变性。[①]

在 LCCM 理论中，语言系统与概念系统的互动主要是通过词汇概念与认知模式之间的互动来实现的。[②] LCCM 理论认为，字本身没有意义，字通过其编码的高度图式化的语言信息在特定语境中选择恰当的词汇概念，并通过这一词汇概念接入特定的认知模式，从而在概念系统中获取感知符号所记录的丰富具体的多模态的

[①] Vyvyan Evans, *How Words Mean*: *Lexical concepts*, *cognitive models*, *and meaning construction*, Oxford University Press, 2009, p. 43.

[②] Vyvyan Evans, *How Words Mean*: *Lexical concepts*, *cognitive models*, *and meaning construction*, Oxford University Press, 2009, pp. 204 – 205.

概念信息。词汇概念与概念系统的潜在接入点的总和,被称为接入站(access sites)。而这个接入点被称为关联区(association area)。

接入站具有或然性的特点(probalistic)。关联区的建立是基于被表征的事物和情境与特定词汇概念所允准的词汇载体(vehicles sanctioned by specific lexical conceps)之间的共现频率。当两者频繁在语言系统和概念系统中基于同一个事物或情境的表征而共现,允准该词汇载体的词汇概念便会和概念系统中的特定区域建立关联区。①

认知模式间的链状链接使得一个词汇概念可通过接入站接入大量的互相关联的认知模式,构成了一个词汇概念的语义潜在(semantic potential)。语义潜在与接入站的区别在于,接入站只包括了由词汇概念直接接入的基础认知模式。而语义潜在则既包括词汇概念直接接入的基础认知模式,又包括词汇概念不直接提供接入、与基础认知模式链状关联的次级认知模式。②

二 词汇概念与始源域的接入

概念隐喻是从始源域到目标域的跨域映射。也就是说,始源域是隐喻映射的起点。从语言符号系统中特定的语义词项,到始源域这一起点的启动,这个过程是如何发生的?概念隐喻理论和概念整合理论都没有做出解释。然而,当隐喻一旦通过语言符号得到表征,便已经不再是纯粹的概念现象,而是语言现象。在接

---

① Vyvyan Evans, *How Words Mean: Lexical concepts, cognitive models, and meaning construction*, Oxford University Presss, 2009, pp. 205 - 206.

② Evans, V., *How Words Mean: Lexical concepts, cognitive models and meaning construction*, Oxford University, 2009, pp. 203 - 209.

入语义学的视角里，隐喻簇意义的理解，起点不是始源域，而是延伸到了语言层面，以词汇概念为起点，即隐喻喻体词项在特定语境下所编码的词汇概念。

在特定语境信息的指导下，喻体词项符形所编码的词汇概念作为极其抽象的图式化语言知识被解包提取，这个词汇概念随即向概念结构中的特定认知模式提供接入①。这个被间接接入的认知模式即始源域。

始源域一旦被接入，会出现两种结果：始源域间的统一②和始源域间的冲突。

（一）始源域间的统一

得到接入的始源域之间有时语义统一连贯，这种情况通常发生在单纯隐喻簇的理解过程中。

（1）遇见是两个人的事，离开却是一个人的决定；遇见是一个开始，离开却是为了遇见下一个。这是一个流行离开的世界，但是我们都不擅长告别。（《读者》2012年第3期）

（2）杨绛在文章中说"我们家"已经成了人生旅途的客栈，"家在哪里，我不知道，我还在寻觅归途"。（《读者》2012年第4期）

---

① Evans, V., *How Words Mean: Lexical concepts, cognitive models and meaning construction*, Oxford University, 2009, pp. 252–278.

② 必须指出的是，这里始源域间的统一或冲突指的是隐喻喻体词项所提供接入的基本认知模式之间的语义统一或语义冲突，而并非始源域与隐喻簇中其他非隐喻语言所编码的词汇概念提供接入的认知模式之间的语义冲突。两者是截然不同的。

例（1）中，符形"遇见"、"离开"、"告别"在语境的指导下分别选择并解码了相应的词汇概念［遇见］［离开］［告别］。① 这些词汇概念一旦解码，即向概念系统提供接入，共同激活了"旅行"认知域基本认知模式中的"旅途中的人相遇""离开""互相告别"等概念内容或模拟信号②，这些概念内容是由词汇概念［遇见］［离开］［告别］提供接入的、直接隶属于"旅行"认知域的基本认知模式。③ 因此，这三个基本认知模式之间语义连贯统一，即始源域之间的连贯统一。

例（2）中，符形"旅途""客栈""寻觅""归途"在语境的指导下选择并解码了图式化的词汇概念［旅途］［客栈］［寻觅］［归途］提供接入，并接入后台概念系统中"旅行"认知域的基本认知模式"旅途""客栈""寻觅""归途"，使这些基本认知模式中相应的脚本信息和概念内容被激活，用于进一步的语义组构。"旅途""客栈""寻觅""归途"这四个基本认知模式亦是隐喻映射的始源域，因均隶属于"旅行"认知域这一上位范畴，这些始源域之间具有统一连贯的语义特征。

(二) 始源域间的冲突

始源域间的语义冲突一般发生在混杂隐喻簇的理解过程中。

(3) 我忍不住又问："当年汉斯离开的时候，您是怎么熬过

---

① 具体的解码过程涉及到词汇概念的选择及其选择标准，将在介绍选择与溶合的章节做具体阐述。

② 也可称作脚本或者框架等。

③ 如前文所介绍，在接入语义学中，喻体词项词汇概念所提供接入的基本认知模式即为隐喻的始源域。稍后在"目标域的接入"小节以及"认知模式的整合"小节将有更为详细的阐释。

来的?""这是一件很自然的事情,夫妇两人总有一个要先走。他先走了,就是说要让我来送他,然后我便一个人继续我的路。世界上的很多事情,不是人的力量可以改变的,担心烦恼都不能解决问题,那就随意吧。"(《读者》2012年第4期)

(4) 在人生的旅途中,我们会邂逅许多人,他们能让我们感到幸福。有些人会与我们并肩而行,共同见证潮起潮落;有些人只是与我们短暂相处。我们都称之为朋友。朋友有很多种,就好像一棵树,每一片叶子是一个朋友。(《读者》2012年第14期)

例(3)和例(4)均为有来自多个不同始源域的喻体词项构成混杂隐喻簇。例(3)中,词汇概念[离开][走][送][路]向概念结构中的"旅行"认知域提供接入,激活了作为"人生是旅行"这一结构隐喻的始源域中关于"离开""走""送""路"等的多模态模拟信息;词汇概念[熬]所提供接入的"烹饪"认知域作为"人生是烹饪"这一概念隐喻的始源域,在词汇概念[熬]的指导下激活了关于"熬"这一事件框架的多模态模拟信息。这两个始源域之间由于同时将"人生"喻作"旅行"和"烹饪"两种截然不同的事件,使得两个始源域的概念内容之间产生冲突。

例(4)中,抽象的词汇概念[旅途][邂逅][并肩而行]向概念结构中的"旅行"认知域提供接入,激活了作为始源域的"旅行"基本认知模式中关于"旅途""邂逅""并肩而行""旅行者"等的多模态模拟信息(概念内容),并以此为始源域构建了"人生是旅行"这一结构隐喻,以及"经历是旅途""相识是邂逅""为共同的目标奋斗是并肩而行""我和朋友是旅行者"

等派生而来的子隐喻。然而，与此同时，词汇概念［树］［叶子］又向概念系统中的"树"认知域提供接入，并激活了这一认知域中关于"叶子"和"树"的相关百科知识，并以此为始源域构建了"朋友是叶子"这一概念隐喻。由于在这个隐喻簇中，同时将"人"喻作"旅行者"和"叶子"，这两个不同始源域在同时意指"人生"的过程中产生了概念内容的竞争和冲突。

例（3）和例（4）中的始源域间的语义冲突可以在接入目标域之后得到妥善解决。次级认知模式层面的语义统一是混杂隐喻获得语义连贯的关键。这一点将在下面详细阐述。

三　认知模式与目标域的接入

目标域是隐喻映射的终点，目标域的接入是隐喻簇意义得以实现的前提。本小节详细介绍接入语义学框架下的认知模式，以及目标域作为次级认知模式的接入路线和接入之后的两种潜在的结果：目标域之间的统一与冲突。

（一）认知模式

接入语义学中的认知模式是概念系统中由语言介导、可经由语言系统提供接入的那一部分知识表征/概念结构。它是由框架或关联框组成的连贯的知识结构，以及从这一知识结构中产生的潜在模拟所构成的。简言之，认知模式类似巴塞罗（1999）的模拟器（simulator），因为一个模拟器由框架（frame）和模拟（simulation）构成。① 但两者有着重要的区别。

---

① Vyvyan Evans, *How Words Mean: Lexical concepts, cognitive models, and meaning construction*, Oxford University Press, 2009, p. 179.

首先，我们的概念系统是由模拟器构成（Barsalou，1999），然而并非所有的概念结构对于语言系统来说都是可以被接入的（Jakendoff，1992），汉语中"无以言表"、"难以言喻"、"意犹未尽"等词语就描述了这种"无法用语言来表达思想"的现象。接入语义学中的认知模式专指可被词汇概念接入的模拟器（概念内容）。

其次，模拟器这一术语来自巴塞罗的感知符号系统理论（Theory of Perceptual Symbol System），这一理论主要关注的是概念结构的感知基础。而埃文斯指出，概念结构既包含感知信息，同时也包含非感知信息（non-perceptual information）。比如，陈述信息（propositional information）便是可以通过叙述（narrative）、信息交流（exchange of news）、八卦（gossip）等语言符号路径进入概念结构的非感知信息。因此，LCCM理论中认知模式这一术语是巴塞罗的模拟器的发展和补充。

巴塞罗（1991）以"世界模式"（world model）这个概念作为知识表征的存在论基础。他认为世界模式是动态开放的，由人们关于世界的当下状态的信念构成，包括每一个个体（Individual）的当下状态和所在（location）。人们持续不断表征外部事物的运动与互动，进而持续地更新其头脑中的世界模式。由此，概念系统中的感知符号按一定方式组织在一起，形成了大型的知识结构。这些知识结构就是认知模式。[1]埃文斯基于巴塞罗的框架理论（1993）中对框架的分类，将认知模式分为两大类：事物认

---

[1] Evans, V., *How Words Mean: Lexical concepts, cognitive models and meaning construction*, Oxford University, 2009.

知模式与情境认知模式（things and situations）。而每种又可以进一步分为偶发（episodic）和属（generic）两类，即个体框架（individual frames of things）与类型框架（type frames of things），偶发情境框架（episodic frames of situations）与属情境框架（generic frames of situations）。偶发指的是特定的（specific）经验或知识，属指的是从一组经验或知识的相似性中抽离出来的图式化（schematization）。[①]

那么，我们概念系统中无以计数的认知模式之间又是如何组织在一起的呢？巴塞罗（1993）认为，认知模式并非杂乱地堆积在概念系统中，相反，它们在复杂的互动网络中相互关联，并称这种现象为链条（chaining）（Lakoff，1987）。认知模式间的链状结构，是语言介导的知识表征的心理基础，它使得词汇概念与概念系统之间的关联站（association sites）拥有深入的语义潜在（semantic potential）。埃文斯（2009：04）认为，认知模式之间链状结构形成的原因有四。首先是特征框架。特征框架嵌于大框架内部，并可进一步拥有下位框架，这使得框架本身呈现出链状结构。其次是情境框架。情境的表征离不开置于情境中的事物。因此情境框架必然包含与事物表征相关的个体框架和类框架。此外，概念系统本身的可构性是认知模式之间链状结构出现的重要理据。概念系统的最小构成成分是感知符号，认知模式便是由一系列相互关联的感知符号构成的。感知符号是感知状态的记录，一个感知符号可以在不同认知任务中参与不同认知模式的建构。

[①] Vyvyan Evans, *How Words Mean: Lexical concepts, cognitive models, and meaning construction*, Oxford University Press, 2009, p.194.

比如，草莓、葡萄、红旗的事物认知模式中都包含/红/这个感知符号，因此这三个词汇概念提供接入的事物认知模式基于同一个感知符号产生了潜在的互相关联。最后，偶发认知模式与属认知模式之间的上下位关系也是认知模式之间链状结构产生的重要原因。比如"椅子"这个属认知模式便与"我客厅的那把木椅子""我书房的那把电脑椅"和"我在楼下快餐店坐过的椅子"这三个个体认知模式相互关联。

尽管接入语义学采用了模拟语义学的框架下巴塞罗的感知符号系统理论来解释概念系统的结构，然而它并非PSS理论的附属理论，在对概念结构的建构上有其自身的特点。PSS主要关注的是人们如何基于感知信息表征具体的物体和行为，对于主观经验（Subjective experiences）和认知状态（Cognitive states），这类"内省经验"（introspective experiences）并未有详细的论述（Barsalou 1999）。接入语义学理论则试图改进PSS理论，对概念系统中语言接入的概念结构作出更全面的阐述。

（二）目标域的接入

概念结构是一个复杂、开放的动态系统。每一个概念都与诸多其他概念之间有着错综复杂的概念关联，而这些关联又由于神经权重的差别呈现出亲疏远近之分。我们可以根据认知模式与某个特定上位认知模式的这种"亲疏远近"关系，将认知模式分为基本认知模式和次级认知模式。基本认知模式指的是由词汇概念直接提供接入的认知模式，它们的集合称为一个词汇概念的基本认知模式侧重（primary cognitive model profile），即这个词汇概念在概念系统中的关联站（association sites）。次级认知模式指的是词汇概念不直接提供接入，必须通过与基本认知模式的链接而与词汇概念产生关联的认知模式，次级认知模式不构成关联站的一部分，它们的集合称为一个词汇概念的次级认知模式侧重（secondary cognitive model profle）。基本认知模式侧重和次级认知模式侧重一起构成了一个词汇概念的认知模式侧重，即语义潜在（semantic potential）。①

而基本认知模式和次级认知模式并非一成不变的。从历时的角度来看，随着某些语境因素的概念，次级认知模式也可能加入到基本认知模式的行列，比如语法化、词汇化的隐喻；基本认知模式也可能由于文化土壤的概念、语言习惯的变迁等因素而逐渐凋零脱落，退居次级认知模式的阵营。从共时的角度来看，不同的文化背景、不同的语言社团，甚至不同的个人经历、百科知识，都会影响我们概念系统中对于基本认知模式和次级认知模式的权重排序，因此，基本认知模式和次级认知模式也存在一定文化差异性、个体差异性。

在接入语义学的视角里，对于隐喻簇意义的理解来说，次级认知模式是一个重要的概念，因为次级认知模式即目标域。在埃文斯看来，隐喻的接入路线就是从词汇概念向基本认知模式（始源域）提供接入，由于基本认知模式在语义整合过程中产生冲突，于是进一步通过匹配和搜索等机制接入次级认知模式（目标域）的意义接入过程。因此，埃文斯也将是否接入次级认知模式作为隐喻、转喻等修辞性语言出现的标志。

仍以例（1）为例，虽然词汇概念［遇见］［离开］［告别］

---

① Vyvyan Evans, *How Words Mean: Lexical concepts, cognitive models, and meaning construction*, Oxford University Press, 2009, pp. 203–209.

均向"旅行"认知域中基本认知模式提供接入,因为语义连贯统一,但它们与簇内其他词汇概念[我们][两个人的事][一个人的决定][世界][擅长]所提供接入的基本认知模式进行整合时产生了强烈的语义冲突,即"遇见""离开""告别"这三个基本认知模式所建构的"旅行"认知域与其他认知模式所构建的"人生"认知域之间产生冲突,为了解决这一冲突,基本认知模式"相遇""离开""告别"进一步接入了次级认知模式"相识""结束一段关系""宣布一段关系的结束",使得语义冲突得到调解。这个由认知模式在整合过程中发生的语义冲突而引起的、从基本认知模式到次级认知模式的接入就是从始源域到目标域的接入。在接入语义学的视角里,次级认知模式的接入是隐喻的终点,意味着从始源域到目标域的隐喻映射的实现。

然而,若以是否接入次级认知模式作为隐喻出现的标志,则会导致词汇化、语法化的隐喻和其他规约程度较高的隐喻不再被视作隐喻。如莱考夫的方位隐喻、实体隐喻、时间隐喻,以及许多结构隐喻都不再被看作是隐喻。只有规约程度较低、需要经由基本认知模式接入次级认知模式的隐喻映射才能被视作隐喻认知机制。这与认知语言学的主流观点是不一致的。更何况,次级认知模式的判定是一个极其主观的决策,以是否接入次级认知模式作为是否为隐喻的唯一标准,势必导致隐喻的判断过于主观,仁者见仁,智者见智,而落入标准形同虚设的境地。再者,大量规约化,但依然使用中的隐喻是我们研究隐喻发展轨迹的重要标本,若将它们摒弃于隐喻研究之外,着实可惜。

基于这些考量,本书在遵循接入语义学基本假设的基础之上,对隐喻是否必然接入次级认知模式进行了修缮,认为在语言系统内部的词汇概念层面，以及概念系统内的基本认知模式层面均有可能产生隐喻。

必须指出的是，尽管埃文斯（2009）试图通过层级结构的图表来刻画认知模式的结构，但他强调，这种图式方式只是为了方便解释基本认知模式之间，以及基本认知模式与次级认知模式之间的归属关系，并不代表这些认知模式在我们头脑中的真实结构。尽管基本认知模式在图式中彼此位置相邻，但并不意味着这就是它们在概念系统中的位置。此外，尽管在图式中基本认知模式与次要认知以层级关系列出，但这种表征方式是为了更清楚地展示两者在意义建构中的功能区别，而并不必然意味着两者在概念系统中实际存在的状态。事实上，构成一个词汇概念的语义潜在的所有基本认知模式和次级认知模式都是分布式存在于整个概念系统中的（distributed through out the conceptual system）。

比如"人生中"这个短语便包含一个词汇化的实体隐喻"人生是容器"，这个词汇化的实体隐喻是由汉语方位名词"中"建构的。这个词汇化的隐喻已经内置于词汇概念［中］的语言知识中，在语言系统内部词汇概念的整合阶段便可实现隐喻意义。再比如，成语"走投无路"，由于规约程度较高，已经可以直接接入"人生"认知域下属的基本认知模式"绝境"，而无需通过接入"旅行"认知域下属的基本认知模式"无路可走""没有出路"来实现与"绝境"作为次级认知模式的关联。

通过例（1）的分析我们可以看出，词汇概念所提供接入的始源域一旦接入，始源域与非隐喻语言喻体词项所编码的词汇概念提供接入的认知模式之间的语义冲突使得始源域进一步接入特定语境下的目标域，以达成语义的连贯。然而，尽管目标域与非隐喻语言提供接入的认知模式之间语义冲突得到解决，隐喻簇所包含的多个隐喻目标域之间的语义却依然存在统一和冲突两种结果。

（三）目标域间的统一

本节以混杂隐喻的语义连贯为例探讨次级认知模式（目标域）间的统一在混杂隐喻簇意义建构中的重要作用。笔者认为，混杂隐喻的混杂仅在基本认知模式层面，而次级认知模式间的统一是混杂隐喻簇获得语义连贯的核心机制。

如同所有的范畴都有其最具代表性的范畴成员和边缘性成员，混杂隐喻作为一类现象范畴同样如此。这就是范畴的原型效应。不可否认，日常语言中的确存在一些不太协调的混杂隐喻例子，但语料库研究和心理实验的证据都表明，绝大部分的混杂隐喻都是易于了解的、生动有效的。而对于混杂隐喻的错误评价主要是由于我们在对混杂隐喻这类现象进行认知的过程中，受到了个别凸显（salient）语例的干扰，从而片面地以个别现象的特征对整个现象类别进行范畴化。只有当我们通过对大量语料的实证考察，才能相对客观地对混杂隐喻这类现象有全面深入的了解，并对其作出科学的评价。

从宏观层面来讲，语料库研究已经证实混杂隐喻大量存在于自然语言中，尤其是本语料库研究以《读者》为语料，其文章多出自名家，或经过编辑慎重挑选，语言相对规范，混杂隐喻的大量存在不仅证实了这一现象的泛在性，同时也说明，混用隐喻的确是人类思维和推理的重要特征，混杂隐喻本身的泛在性也证实了其存在的合理性。从微观层面来讲，混杂隐喻的理解依赖于隐喻性、说话者和释话者对相关隐喻内涵的了解。

关于混杂隐喻的语义连贯机制，目前已有三种假设。

假设一认为，意义的选择性激活（selective activation of meaning）是混杂隐喻规避字面冲突、实现语义整合的关键。Hilpert（2010）通过语料库的方法对四个英语词汇"island"、"oasis"、"sea"、"deseart"的隐喻用法进行了系统分析，研究表明，语言使用中的统计学倾向（statistical tendency）是混杂隐喻跨域结合并生成的重要理据（motivation）。此外，希尔伯特还通过一组范畴化任务的行为实验证明说话者在整合有语义冲突的概念域的过程中，并非执行完整的跨区映射，而是有选择地对概念域的某些方面进行结合（Hilpert，2010：66 - 89）。科妮莉亚·穆勒（2008：134 - 177）在其著作中专辟一章探讨了混杂隐喻现象，抨击了将混杂隐喻视作意象冲突、语义矛盾和思维缺陷等不公评价，并指出，规约隐喻在混杂隐喻中占极高的比例，意义的选择性激活（selective activation of meaning）是混杂隐喻规避字面冲突、实现语义整合的关键。在概念隐喻理论的框架中，隐喻映射本身是一种选择性的映射，隐喻意义的实现也是意义选择性激活的结果。正如莱考夫（1980）所说，始源域中某些方面被隐藏，而另一些方面被凸显，这些被凸显的概念内容被投射到目标域中，使得我们得以通过特定方式和视角去理解目标域。然而，选择性激活并非只是在概念隐喻系统内部起作用，同样可以用以解释混杂隐喻在语言中的大量存在及其理解机制。

假设二由雷蒙德·吉布斯（Raymond Gibbs）（1999）提出，他认为在涉及意象隐喻的混杂隐喻中，表层加工（shallow processing）是混杂隐喻不造成语义矛盾、实现语义连贯的机制，即载体的意象（imagery）被抑制，仅对其命题意义进行选择性激活。穆勒也认为，说话者在生成混杂隐喻时并未激活字面意义（Cornelia Müller，2009：135）。

王丽丽（2010）则通过概念整合理论对混杂隐喻簇意义构建的心理模型进行了阐述。

笔者认为，混杂隐喻的"混杂"仅表现在基本认知模式层面，次级认知模式间的统一是混杂隐喻簇获得语义连贯的核心机制。在接入语义学的理论视野内，混杂隐喻具有"混而不杂"的语义特征，词汇概念向基本认知模式提供接入点和基本认知模式接入次级认知模式这两个节点，是混杂隐喻实现语义连贯的关键。普遍存在于自然语言中的混杂隐喻，绝大部分易于为人们所理解，这是由语言符号的特性和以语言符号为载体的意义建构的特性决定的。事实上，在概念层面，混杂隐喻表达的是一个完整连贯的意义。换句话说，在说话者的头脑中并不存在所谓的混杂隐喻，而只存在一个想要表达的连贯的意义，在选择相应的符形对某个特定的隐喻意义进行表征时，说话者头脑中被激活的只有特定的词汇概念。混杂隐喻的喻体词汇虽然在语言系统内部、在词汇概念层面具有一定的冲突性，然而，一旦接入概念结构，便会通过基本认知模式间的语义冲突进一步接入相关的次级认知模式，从而在概念系统内部、在次级认知模式的层面上获得意义的连贯与统一。这也是为什么自然语言中的混杂隐喻大多易于理解、合乎情理的缘由。

在自然语言的生成过程中，若一个符形具有一个与话语中其他词汇概念冲突强烈的异常凸显的词汇概念，那么在词汇概念的选择过程中就会干扰释话者提取正确的词汇概念，说话者基于会话的经济和有效性原则就会自发地避免使用这个符形。即使使用了规约程度不高且易于产生冲突的词汇概念,那也绝大部分发生在不同的分句中,通过句法空间距离将其分隔于不同的思维空间(mental space),以缓冲语义冲突。然而,冲突的缓冲是否成功,取决于个体的百科知识结构中相应信息之间关联性的神经权重,这却是因人而异的。有些混杂隐喻的理解众口不一,这是一个重要原因。

(5)老师说没事时浏览这一排排散发着油墨香气的书籍,仿佛佛陀慈爱的目光注视着自己,能回味起生命时光里点点滴滴的心路历程!(《读者》2012年第4期)

在例(5)中,词汇概念[佛陀慈爱的目光]向概念结构中"佛陀"认知域的基本认知模式提供了接入,词汇概念[回味]向概念结构中"饮食"认知域的基本认知模式提供接入,词汇概念[路]和[历程]向概念结构中的"旅行"认知域的基本认知模式提供接入。

由于"旅行"的基本认知模式"路""历程"中的概念内容,以及"饮食"的基本认知模式"回味"中的概念内容在进行认知模式整合的过程中与"当下"的话题"人生"产生概念冲突,即"人生"作为一个抽象概念既不能被"回味",也并不拥有"道路"或"历程"。一旦基本认知模式遭遇语义冲突,概念系统便会自动执行搜索(search)和匹配(matching)机制[①],并分别进一步接入了"经历"和"回想体会"这两个分别隶属于

---

① 搜索和匹配是语义组构中重要的后台工作机制,将在本章的二、小结进行更多介绍。

"旅行"和"饮食"的次级认知模式，使得语义冲突在次级认知模式层面得到解决。

而"佛陀"的基本认知模式"佛陀慈爱的目光"和"注视"在与上下文所提供接入的概念内容进行整合时，与"当下"的话题"书籍"的基本认知模式产生冲突，即书不能用"慈爱的目光注视老师"。因此，概念系统在语境的指引下，基于"佛陀慈爱的目光是智慧的象征"这一百科知识，接入了次级认知模式"智慧"，基于"注视是一种眼神的交流"这一百科知识，接入了"交流"这一次级认知模式，从而建构了"书里的智慧是佛陀慈爱的目光"、"精神的交流是眼神的交流"两个概念隐喻，在次级认知模式层面使基本认知模式层面涌现的语义冲突得到调解。

同理，尽管三个始源域"佛陀慈爱的目光""饮食""旅行"之间并无语义关联，因此在基本认知模式层面产生语义的不连贯，甚至冲突感，然而，由于各自在与上下文词汇概念所提供接入的概念内容进行整合的过程中自发接入各自的目标域"智慧"和"人生"，基于"智慧"与"人生"之间密切的概念关联，三个截然不同的始源域终于在目标域接入之后获得了次级认知模式之间的语义连贯和统一。而这也是混杂隐喻簇之所以"混而不杂"的关键所在。

一般情况下，目标域得到接入，始源域层面的语义冲突也随之得到解决，大部分混杂隐喻簇都属于这种情况。但偶尔也会出现目标域之间语义冲突，甚至矛盾的情况。这种情况发生在较为极端的隐喻簇个例中，常常令读者产生阅读上的费力和不愉悦感。

目标域间的冲突可分为两种情况。一是由于始源域的信息干扰过大，导致目标域接入之后，始源域层面的语义冲突仍然存在，并对读者的理解产生干扰，使得目标域之间依然存在冲突，这种情况发生的频率较低；二是目标域接入之后，目标域本身存在语义的冲突。第二种情况虽然理论上存在，但本书的实际语料中并不存在这样的案例，自然语言中也相当少见，因为自然语言都是以交际为目的，以理解为基础的，智力正常、无精神疾患的成年母语说话者在自然语境下一般不会生成前后矛盾、逻辑混乱的隐喻句子。

故本节主要讨论第一种情况，即由始源域的干扰信息导致的目标域间的冲突。这种情况主要发生在具有丰富意象的隐喻簇中。在这些隐喻簇中，一旦多个始源域具有截然不同且生动形象的意象模拟信号，即使目标域得到接入，由于意象在始源域中得到深加工，导致其在目标域激活后依然保持活跃或尚未从注意区褪去，因而对多个目标域之间隐喻意义的整合产生了负面的干扰。值得指出的是，在接入目标域之后始源域之间的冲突依然不能得到调解，是部分混杂隐喻簇被视作"不好的语言"或"语言瑕疵"的罪魁祸首。

由于本书的语料均来自《读者》期刊，其选摘之文学作品大多出自名家或经过编辑精心挑选，因此，在本书所获得的语料中并未发现始源域之间的冲突无法调解的隐喻簇个例。故此处以其他语料来源的例子作为参考。

（6）社会生活诸多坎坷，起起伏伏是一面海……一旦现实给我一扇表达真情的窗口，读者可以看见我内心深处有一条情感的大河。（《南方周末》网站 2010 年 11 月 18 日①）

---

① http://www.infzm.com/content/52541.

(7) 古典诗词的高峰已经确立，不缺你这一砖一瓦。（《南方周末》网站 2010 年 11 月 21 日①）

例（6）和例（7）是较为极端的混杂隐喻簇个例，读来感到有些"拗口"。这种"拗口"正是由始源域之间的冲突未能在目标域接入之后得到解决所导致的。

例（6）中的基本认知模式"起起伏伏的海"、"窗口"和"大河"均具有丰富的意象，其所建构的隐喻都属于意象隐喻的类型。尽管这几个始源域所接入的目标域"人生""建筑""丰富的情感"之间在上下文中形成了连贯的语义结构，但由于意象在始源域层面被激活，甚至某些想象力较为丰富的读者对其进行了深加工，其鲜明生动的图像对语义的融合产生了较大干扰。比如，由于始源域中"窗口"和"大河"的形象过于生动，使得在整合"人生是建筑，我在建筑中"和"我的内心是一个容器可以容纳一条大河"这些目标域信息时，产生了逻辑上的冲突，即"身在建筑中的我，无法容下比建筑占地面积更大的大河"。再比如，词汇概念［起起伏伏］、［大海］所提供接入的概念内容很容易在读者头脑中产生画面感，激活"波澜壮阔的大海"意象，这样一来，这一意象由于经过深加工不会立刻退出激活区，从而对"人生是在陆地旅行"和"人生是海"这些概念内容进行整合时产生干扰，导致逻辑上的冲突，即"由泥土形成的地面不可能是海"。

同理，例（7）中，尽管词汇概念［高峰］和词汇概念单位［一砖一瓦］最终提供接入的目标域都是"古典诗词的成就"，因

---

① http://www.infzm.com/content/52542.

此在次级认知模式的层面上获得了语义的连贯。然而，两个词汇概念所提供接入的始源域"高峰"和"砖瓦"之间的语义冲突却会对目标域之间的整合产生干扰。主要原因有二：一是"高峰"和"砖瓦"对"古典诗词的成就"进行隐喻映射属于新奇隐喻，需要耗费读者更多的认知努力对其进行深加工以获取隐喻意义；二是"高峰"和"砖瓦"都具有比较鲜明的意象，存在某些读者对这些生动意象进行深加工的可能。而导致的结果是，深加工的概念内容比浅加工的内容需要更长的时间退出活跃区，这样一来，目标域之间进行整合和诠释时，便会受到始源域之间的语义矛盾干扰，即"高峰是由泥土、石头、草木构成，高峰不是房子，不需要砖瓦"，使得目标域之间在整合之后，整个隐喻簇的意义仍令人产生不愉悦、不妥当之感。

相比之下，始源域之间同样存在语义冲突的例（3）在概念内容进行整合的过程中就不会遭遇这种来自不同始源域的持久干扰。由于"离开"和"熬"属于知识型认知模式，画面感不强，并不具有过于活跃、彼此冲突的意象，因此，始源域之间的冲突并未得到深加工，这些冲突可以在接入目标域之后，轻松得到解决。即"离开"和"熬"在两者共同的目标域"人生"得到接入后，获得了语义的统一与连贯。

此外，正如第四章关于混杂隐喻的结构特征中所详细介绍的，多个始源域之间的强烈语义冲突，可以通过句法杠杆进行调节，比如将其分置于间隔多个从句的不同从句中，或以句号相隔，通过弱化其语法关联实现避免语义冲突的目的。比如，在隐喻簇"她是飞翔在荒漠里的一只孤雁，形单影只。她是失去伴侣的天鹅，独自漂泊、流浪，无处停歇"中，虽然也涉及通过两个截然不同，且形象鲜活的意象"孤雁"和"天鹅"来对"她"进行设喻，尽管这些意象也都会经过深加工，甚至在读者脑海中以优美的意象浮现，然而由于这个句子中，使用了句号将两个隐喻隔开，通过较大的句法空间间隔，避免了始源域意象间的冲突，从而使得目标域顺利获得接入。

然而，从词汇概念到次级认知模式的接入只解释了目标域之间实现语义统一的认知接入路线，却并未交待词汇概念究竟如何接入基本认知模式，而基本认知模式在遭遇语义冲突后，又如何顺利接入次级认知模式。正如本章第一节所述，接入路线和语义组构机制在意义建构过程中相辅相成。本小节阐述了隐喻簇中目标域的接入路线，接下来的两个小节，将详细阐述使得目标域得以顺利接入的前台和后台语义组构机制。

第三节　选择

选择是接入语义学中三大语义组构机制之一。选择发生在前台语言系统内部，属于语言加工机制，是语义组构过程中的第一步。换句话说，意义的理解，是从前台语言系统内部开始的。这也是接入语义学有别于其他认知语义学理论的核心特征，即充分关注前台语言系统中的语义加工机制，以及前台与后台的互动机制。

一　词汇概念的选择

所谓选择，是对词汇概念的选择。语言系统由无数符号单位构成（symbolic unit）。每个符号单位拥有一个形态载体（phonological vehicle），即符形，以及由符形所编码的一系列词汇概念。

这一系列词汇概念就构成一个载体或符形的词汇概念侧重。在语境下，对恰当的词汇概念进行选择的过程被称为词汇概念的甄别（Lexical Concept Identification），即词汇概念选择。埃文斯（2013：218）通过以下例子来展示何为词汇概念的选择：

a. The kitten is in the box

b. The flag is flapping in the wind

c. John is in love

他认为，符形 in 编码了一系列潜在的词汇概念，在上组例子中，符形 in 在三个不同例句中依据上下文语境选择了不同的词汇概念。在 a 中，符形 in 选择的是词汇概念 [enclosure]；在 b 中，符形 in 选择的是词汇概念 [prevailing conditions]；在 c 中，符形 in 选择的则是词汇概念 [phychosomatic state]。

接入语义学认为，话语的理解是从对词汇概念进行甄别开始的（Evans, 2013：217）。那么隐喻簇意义的理解的第一步，也就是要从喻体词项符形所编码的词汇概念侧重中选择出语境下恰当的词汇概念。

二 选择的类型

词汇概念的选择可以分为两类：宽选择（broad selection）和窄选择（narrow selection）。宽选择指的是从符形所编码的诸多词汇概念中选择语境下恰当的词汇概念。这又可以分为两种情况，一是单选（single selection），即选择出语境下唯一的词汇概念；二是复选（multiple selection），即选择出语境多个恰当的词汇概念。窄选择指的则是从一个词汇概念的多个变量（parameter）中，选择一个语境中激活程度更大的变量进行解码。①

比如载体"中"潜在可编码一系列词汇概念，包括：[和四方、上下或两端距离同等的地位]，如"中心"；[在一定范围内]，如"房中""暗中"等；[性质或等级在两端之间的]，如"中等""中流砥柱"；[动作正在进行]，如"开会中"；[特指"中国"]，如"中外"；[适合]，如"中看"。

而在"人生中"这一短语中，载体"中"对上述一系列词汇概念进行宽选择，依据特定的语境选择了[在一定范围内]这一词汇概念。由于人生作为一个抽象概念，并不具有实体概念所具有的"范围"，因此，此处载体"中"通过实体隐喻将"人生"喻作具有一定空间范围的实体，并借此对抽象的人生概念进行概念化。

再看例（9）：

（9）人生动若脱兔，静如处子，一旦扬镳，若要相见，需问参商。（《读者》2012年第5期）

符形"兔"所编码的词汇概念[兔]具有[动作迅捷]和[狡猾]等多个变量。而在例（9）中，读者依据语境"动若脱兔"对词汇概念[兔]进行窄选择，选择变量[动作迅捷]对符形[兔]进行解码。

词汇概念一旦选择并非永不改变，接入语义学是一种动态的

---

① Vyvyan Evans, *How Words Mean: Lexical concepts, cognitive models, and meaning construction*, Oxford University Press, 2009, pp. 220 – 223.

语义组构理论，三大语义组构机制随着新的概念内容的接入不断重复运作，直到整个隐喻簇内所有词汇概念完成选择、整合和诠释步骤。在新信息的涌入和指导下，我们有时也会对旧的、不适用的词汇概念进行修正（selection revision）。[①]

第四节 融合

一旦词汇概念选择完毕，便会进入语义融合阶段。融合由整合和诠释两个步骤构成。整合是关于词汇概念的整合，依然是语言系统内部的语义组构机制。词汇概念整合的结果是形成一个词汇概念单位，并向概念系统提供接入。从词汇概念单位向后台概念结构提供接入开始，诠释作为后台语义组构机制就开始运作了。诠释旨在使抽象图式化的词汇概念单位获得来自概念系统（百科知识）的丰富的信息刻画。诠释的核心机制的是匹配（matching），即对词汇概念单位中不同词汇概念所提供接入的、来自不同认知模式侧重的认知模式进行匹配。匹配的过程是遵循一定的诠释原则通过搜索（search）完成的。[②]

一 词汇概念的整合

词汇概念整合是语义融合的第一步。词汇概念解包（unpack）自身所编码的语言内容（linguistic content），并对这些词汇

[①] Vyvyan Evans, *How Words Mean*: *Lexical concepts, cognitive models, and meaning construction*, Oxford University Press, 2009, p. 223.

[②] Vyvyan Evans, *How Words Mean*: *Lexical concepts, cognitive models, and meaning construction*, Oxford University Press, 2009: 252－265.

概念的语言内容进行整合。整合的结果是，每个词汇概念都获得一个语义值（semantic value），定义了该词汇概念与周边词汇概念共现的形式和语义关系。获得语义值的词汇概念共同组成一个语言内容的整合单位，即词汇概念单位（a lexical conceptual unit）。由于词汇概念整合是针对语言内容的整合操作，因此，参与影响整合结果的语境因素主要是言内语境，而非言外语境。①

（一）词汇概念的整合原则

词汇概念整合并非随意进行的，整合过程要遵守三条原则：语言连贯原则（Principle of Linguistic Coherence）、图式连贯原则（Principle of Schematic Coherence）和循序整合原则（Principle of Ordered integration）。

1. 原则一：语言连贯原则

被整合的词汇概念其语言内容必须具有图式连贯性（schematic coherence）。② 比如，词汇概念［人生］属于词汇概念［事物］的词类范畴，因此词汇概念［人生］在语言内容上与词汇概念［人生］具有图式连贯性，可以进行整合。而词汇概念［事物］与词汇概念［奔跑］不属于同一词类范畴，因此，不具有语言内容上的图式连贯性，不可以进行整合。

(8) a. 载体　　　　　　"NP"
　　 b. 词汇概念　　　　［事物］

---

① Vyvyan Evans, *How Words Mean*: *Lexical concepts, cognitive models, and meaning construction*, Oxford University Press, 2009, pp. 236–267.
② Vyvyan Evans, *How Words Mean*: *Lexical concepts, cognitive models, and meaning construction*, Oxford University Press, 2009, p. 245.

(9) a. 载体 "人生"

　　　 b. 词汇概念 ［人生］

(10) a. 载体 "奔跑"

　　　 b. 词汇概念 ［奔跑］

2. 原则二：图式连贯原则

图式连贯原则指的是被整合的词汇概念所表征的事物以及事物之间的关系必须呈现连贯性，如主语和宾语、施动者和受动者等。① 相比而言，语言连贯原则强调的是语言知识的连贯性，以保证恰当的内部封闭词汇概念对内部开放词汇概念进行了填充；而图式连贯原则强调的是语义知识的连贯性，以保证被整合的词汇概念遵循特定的语义关系进行整合，从而在整合过程中以完形的形式获取这种语义关系，并将这种语义关系连同词汇概念单位一起接入概念系统，并完成语义组构机制的最后一步"诠释"，最终获得情境意义（situated meaning）。②

3. 原则三：循序整合原则

循序整合原则就是词汇概念整合过程按照先后顺序和简繁程度，先整合内部简单词汇概念，后整合内部复杂词汇概念。③ 如例（11）中，词汇概念［事物 X 使事物 Y 获得事物 Z］是由多个词汇概念构成的，其载体 "NP1 VERB（FINITE）了 NP2 NP3" 也可再

---

① Vyvyan Evans, *How Words Mean*: *Lexical concepts*, *cognitive models*, *and meaning construction*, Oxford University Press, 2009, p. 245.

② Vyvyan Evans, *How Words Mean*: *Lexical concepts*, *cognitive models*, *and meaning construction*, Oxford University Press, 2009, p. 267.

③ Vyvyan Evans, *How Words Mean*: *Lexical concepts*, *cognitive models*, *and meaning construction*, Oxford University Press, 2009, p. 246.

分为多个载体。这个内部复杂的词汇概念的整合必须要建立在通过对［事物 X］［事物 Y］［事物 Z］等内部简单的词汇概念分别进行整合而成为内部封闭词汇概念的基础之上。

(11) a. 载体　　　"NP1 VERB（FINITE）了 NP2 NP3"
　　　b. 词汇概念　［事物 X 使事物 Y 获得事物 Z］

内部简单词汇概念所对应的载体只包含一个词，如词汇概念［中国］对应的载体为"中国"。内部封闭的词汇概念一般情况下都是内部简单的。但内部开放的词汇概念不一定是内部复杂的，如［事物］这个词汇概念相对抽象，其所对应的是不明确的（implicit）载体"名词"，可与所有名词性词汇进行内部词汇概念整合，因此，属于内部开放词汇概念。但是，由于它在具体的语境下，只对应一个结构上不可再分的载体词汇，具有简单的结构特点，因此也属于内部简单词汇概念。[①]

（二）词汇概念的内部整合

内部开放词汇概念（Internally-open lexical concept）在语义组构过程中会进行词汇概念的内部整合（Internal Lexical Concept Integration）。其整合方式，是将较具体的词汇概念对内部开放（internally open）的词汇概念进行填充，从而获取语境下具体的词汇概念。[②]

[①] Vyvyan Evans, *How Words Mean: Lexical concepts, cognitive models, and meaning construction*, Oxford University Press, 2009, p. 243.
[②] Vyvyan Evans, *How Words Mean: Lexical concepts, cognitive models, and meaning construction*, Oxford University Press, 2009, pp. 246–248.

内部封闭的词汇概念是由具有明确的语音特点和字形特征的语音明示载体（phonetically overt vehicle）所表征的，处于词汇填满（lexically filled）状态，不具有与其他词汇概念进行内部整合的能力①，如［杭州］［人生］［旅程］［汗水］［辛劳］［花朵］。而内部开放的词汇概念是由语音隐含载体（phonetically implicit vehicle）所表征的，该语音隐含载体的语音和字形特征尚不明确，呈现出语义空缺（slots），可由其他具体的词汇概念对其进行填充。如载体"NP 捅篓子了"中的"NP"，由于具有在特定语境下特指任何有生命的物体的潜在可能，该载体不具有完全明确的语音和字形特征，其所编码的词汇概念［有生命的物体闯祸了］呈现出语义空缺，在特定语境下可由其他具体的词汇概念如［老张］［小明］［喵星人］等对其进行词汇概念填充。这个填充的过程就是词汇概念的内部整合。

(12)　　a. 载体　　　　　"NP 捅篓子了"
　　　　　b. 词汇概念　　［有生命的物体闯祸了］

(三) 词汇概念的外部整合

内部开放词汇概念进行内部整合，内部封闭词汇概念，以及通过内部开放词汇概念的内部整合而获得的内部封闭词汇概念则进行外部整合（External Lexical Concept Integration）。②

---

① Vyvyan Evans, *How Words Mean: Lexical concepts, cognitive models, and meaning construction*, Oxford University Press, 2009, p. 242.

② Vyvyan Evans, *How Words Mean: Lexical concepts, cognitive models, and meaning construction*, Oxford University Press, 2009, pp. 248 - 250.

内部封闭的词汇概念是由具有明确的语音特点和字形特征的语音明示载体（phonetically overt vehicle）所表征的①，如［人生］、［旅程］、［汗水］、［滋味］、［风雨］。与内部开放的词汇概念相反，它有具体符形和对象，因此不需要通过将其他词汇概念对其进行填充而获得确切的词汇概念。正因如此，内部封闭类词汇概念之间不需要进行内部整合。它们参与词汇概念整合过程的途径有两种：一是通过对内部开放类词汇概念进行填充的方式，与内部开放类词汇概念进行整合；二是与其他内部封闭词汇概念进行外部整合。和内部整合一样，外部整合的结果也是形成一个词汇概念单元，用以进行诠释，即语义组构过程的最后一步。

（13）说小了，人生就是一场跟岁月的谈判。（《读者》2012年第22期）

  （14）a. 载体 "DEFINITE-NP, beFINITE INDEFI-NITE-NP"

    b. 词汇概念 ［特定的事物 A 拥有非特定事物 B 的某种属性］

  （15）a. 载体 "INDEFINITE-NP"

    b. 词汇概念 ［非特定的事物］

  （16）a. 载体 "DEFINITE-NP"

    b. 词汇概念 ［特定的事物］

  （17）a. 载体： 说小了，人生就是一场跟岁月的

---

① Vyvyan Evans, *How Words Mean: Lexical concepts, cognitive models, and meaning construction*, Oxford University Press, 2009, p. 242.

谈判。

　　b. 词汇概念　［说］［小］［了］［人生］［就］
　　　　　　　　　［是］［一］［场］［跟］［岁月］
　　　　　　　　　［的］［谈判］

在例（13）中，载体"人生就是一场跟岁月的谈判"涉及一个复杂的词汇概念（17）b。由于（15）b 和（16）b 这两个内部简单词汇概念都是这个复杂词汇概念的一部分，词汇概念［人生］通过与词汇概念（16）b［特定的事物］进行内部整合，获得了主语或话题的语义功能。词汇概念［人生］和复杂的名词性词汇概念［一场跟随月的谈判］都是内部封闭词汇概念，两者进行的是外部词汇概念整合。

（四）词汇概念整合步骤

本书对接入语义学框架下的词汇概念整合之步骤归纳梳理如下：

第一，内部封闭的词汇概念与简单的内部开放词汇概念进行内部整合，获取句法关系。如［人生］与词汇概念［事物］进行内部整合，获取"主语"的句法功能；词汇概念单元［一场跟岁月的谈判］与词汇概念［事物］进行内部整合，获取了"表语"的句法功能。

第二，内部封闭的词汇概念之间进行外部整合，获得词汇概念单元。如［一］［场］［跟］［岁月］［的］［谈判］通过外部整合，获得了词汇概念单元［一场跟岁月的谈判］。

第三，内部封闭的词汇概念与复杂的内部开放词汇概念进行内部整合，获得语义关系。如［人生］［就是］［一场跟岁月的谈判］与词汇概念［特定的事物 A 拥有非特定事物 B 的某种属性］进行内部整合，使三个词汇概念获得特定的语义关系。

第四，词汇概念单元之间或内部封闭的词汇概念与词汇概念单元进行外部整合，获得复杂词汇概念单元。如［人生］［就是］［一场跟岁月的谈判］通过外部整合，获得复杂的词汇概念单元［人生拥有跟岁月谈判的某种属性］。

第五，步骤循环，直至完成整个句子的词汇概念整合，形成一个复杂的词汇概念单元。

二 诠释

诠释（Interpretation）是语义组构机制的最后一环，在从始源域（基本认知模式）接入目标域（次级认知模式）的过程中发挥着重要作用，是混杂隐喻解决始源域间语义冲突、获得目标域间语义统一的关键。

在诠释过程中，同一个词汇概念单位中的开放类词汇概念向概念结构提供接入，并在言内与言外语境的引导下激活相关认知模式中的相关概念内容，以获得丰富的信息刻画（informational characterization）。也就是说，诠释是通过调用概念内容即非语言表征（non-linguistic representation）来服务于语言介导的意义建构，是语义结构和概念结构、语言系统和概念系统、从词汇概念到认知模式的前台后台互动的语义组构过程。[①]

（一）匹配

诠释的核心工作机制是匹配（matching）。如前文所指出的，

[①] Vyvyan Evans, *How Words Mean: Lexical concepts, cognitive models, and meaning construction*, Oxford University Press, 2009, pp. 252–253.

每个开放类词汇概念都与概念系统拥有多个关联区域，这些关联区域构成了一个词汇概念的关联站。再加上由词汇概念间接提供接入的概念结构，一个词汇概念便在概念系统中拥有一个由诸多基本认知模式和次级认知模式构成的语义潜在，即认知模式侧重。对词汇概念单位进行诠释，就要首先对其中的多个词汇概念的认知模式侧重进行匹配，激活各自认知模式侧重中相互匹配的那一部分认知模式和概念内容，从而使词汇概念获得恰当连贯的信息刻画。①

匹配是认知模式之间的匹配。匹配的过程遵循一定的原则，必须要与词汇概念整合过程的结果相互兼容。也就是说，按照词汇概念整合的先后顺序，对词汇概念提供接入的认知模式侧重进行循序匹配。当词汇概念一旦向概念系统提供接入，即刻进入认知模式侧重匹配环节，被匹配的认知模式侧重之间将展开搜索（search）。②

例如，在"说小了，人生就是一场跟岁月的谈判"这一例句中，在喻体词汇概念和本体词汇概念所提供接入的认知模式侧重中，首先进行匹配的是"岁月"和"谈判"，其次才是"人生"和"谈判"。如前一小节所阐述的，在词汇概念整合阶段，［岁月］先于［人生］与［谈判］进行了词汇概念整合。词汇概念［一］［场］［跟］［岁月］［的］［谈判］通过外部整合，获得了词汇概念单元［一场跟岁月的谈判］。随后词汇概念

---

① Vyvyan Evans, *How Words Mean: Lexical concepts, cognitive models, and meaning construction*, Oxford University Press, 2009, pp. 252-278.

② Vyvyan Evans, *How Words Mean: Lexical concepts, cognitive models, and meaning construction*, Oxford University Press, 2009, pp. 252-278.

单元［一场跟岁月的谈判］又与词汇概念［事物］进行了内部整合，获取了"表语"的句法功能。之后，［人生］［就是］［一场跟岁月的谈判］与词汇概念［特定的事物 A 拥有非特定事物 B 的某种属性］进行内部整合，使三个词汇概念获得特定的语义关系，并进而在这一语义基础之上通过外部整合，获得复杂的词汇概念单元［人生拥有跟岁月谈判的某种属性］。因此，在认知模式的匹配阶段，也同样遵循这一顺序展开匹配和搜索。

搜索的目的是要在诠释指导原则的制约下、在认知模式侧重中找到互相匹配的认知模式。一旦匹配建立，词汇概念单元（lexical conceptual unit）便会获得丰富的信息刻画，即概念结构中的多模态模拟信号，包括特定的感知符号和意象等，从而获得话语在语境下的意义。①

比如例（5）"老师说没事时浏览这一排排散发着油墨香气的书籍，仿佛佛陀慈爱的目光注视着自己，能回味起生命时光里点点滴滴的心路历程"，在这个混杂隐喻簇中，词汇概念［佛陀慈爱的目光］［回味］，以及［路］和［历程］分别向概念结构中"佛陀""饮食""旅行"三个认知域的基本认知模式提供接入。一旦基本认知模式得到接入，概念系统中的诠释机制便开始运作，诠释的目的是使抽象的词汇概念从概念系统的百科知识中获取丰富的信息刻画。诠释的核心机制是匹配，即对两个目标认知域进行匹配。若匹配在基本认知模式层面无法达成，

---

① Vyvyan Evans, *How Words Mean: Lexical concepts, cognitive models, and meaning construction*, Oxford University Press, 2009, pp. 252 – 278.

这时搜索机制启动，对与基本认知模式链状关联的次级认知模式中的概念内容进行搜索，直到匹配达成，情境隐喻意义实现。

例（5）中，得到接入的"旅行"认知域的基本认知模式"路""历程"中的概念内容和得到接入的"饮食"认知域的基本认知模式"回味"中的概念内容在进行认知模式匹配的过程中与"当下"的话题"人生"认知域的基本认知模式产生概念冲突，即"人生"作为一个抽象概念既不能被"回味"，也并不拥有"道路"或"历程"。一旦基本认知模式遭遇语义冲突，匹配失败，概念系统便会自动执行搜索机制，在分布式存在于概念系统中的众多次级认知模式中寻找相互匹配的目标认知域。通过搜索和匹配，进一步循序接入了"回想体会"和"经历"这两个分别隶属于基本认知模式"回味"和"历程"的次级认知模式，使得始源域的语义冲突在次级认知模式层面得到解决。

（二）诠释的指导原则

指导原则一：循规匹配原则（Principle of Guided Match）

循规匹配原则即认知模式的匹配必须遵循词汇概念整合的顺序与结果。上一小节中已提到，此处不再赘述。

指导原则二：概念连贯原则（Principle of Conceptual Coherence）

概念连贯原则要求匹配必须发生在由不同词汇概念提供接入的、分属于不同认知模式侧重的认知模式之间，且相互匹配的认知模式的概念内容必须连贯。[①]

[①] Vyvyan Evans, *How Words Mean*: *Lexical concepts*, *cognitive models*, *and meaning construction*, Oxford University Press, 2009, p. 258.

仍以"说小了，人生就是一场跟岁月的谈判"这一例句为例，词汇概念［人生］会与封闭类词汇概念［就是］进行词汇概念整合，以获取句法结构和语义关系，但是认知模式侧重"人生"却不会与［就是］进行匹配，因为［就是］作为封闭类词汇概念并不向概念系统提供接入，更谈不上分属于不同的认知模式侧重。而"人生"认知模式侧重却能与"谈判"认知模式侧重经历搜索过程在次级认知模式层面消除语义冲突，获得概念内容的连贯，实现隐喻意义的建构。

指导原则三：匹配中的图式凸显原则（Principle of Schematic Salience in matching）

当诠释过程在前两个指导原则的制约下，获得了两个或以上相互匹配的认知模式，这时就需要通过图式凸显原则来对唯一匹配的认知模式进行决策。图式凸显原则认为，包含更多概念内容的认知模式之间的匹配比包含较少概念内容的认知模式之间的匹配更具有图式凸显性，人们倾向于以更具有凸显性的匹配作为默认的意义。参考例（18）：

(18) 而正是这些记忆深处的花，影响着我们，引导着我们，如我们人生的灯塔。（《读者》2012年第18期）

图6-2和图6-3分别展示的是"记忆"和"花"的一部分认知模式侧重。在关于认知模式的外部结构一节中，已经特别指出过，尽管接入语义学中使用层级关系图标来展示认知模式侧重内各个认知模式之间的链状关系，但这并不意味着这些认知模式的概念结构就是以这种层级结构存在。事实上，这些认知模式是分布式存

在于我们的百科知识中,且其彼此之间的权重结构亦存在文化差异、个体差异、方言差异等。在一定语境信息的引导下,这些分布式存在的认知模式侧重,临时激活特定的概念联系,以协助诠释的完成。

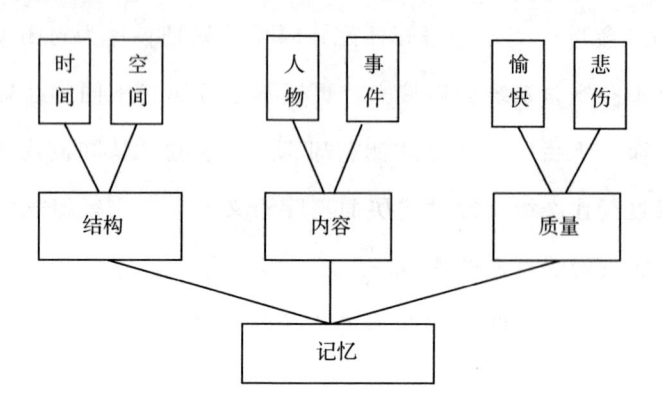

图 6-2 "记忆"的部分认知模式侧重

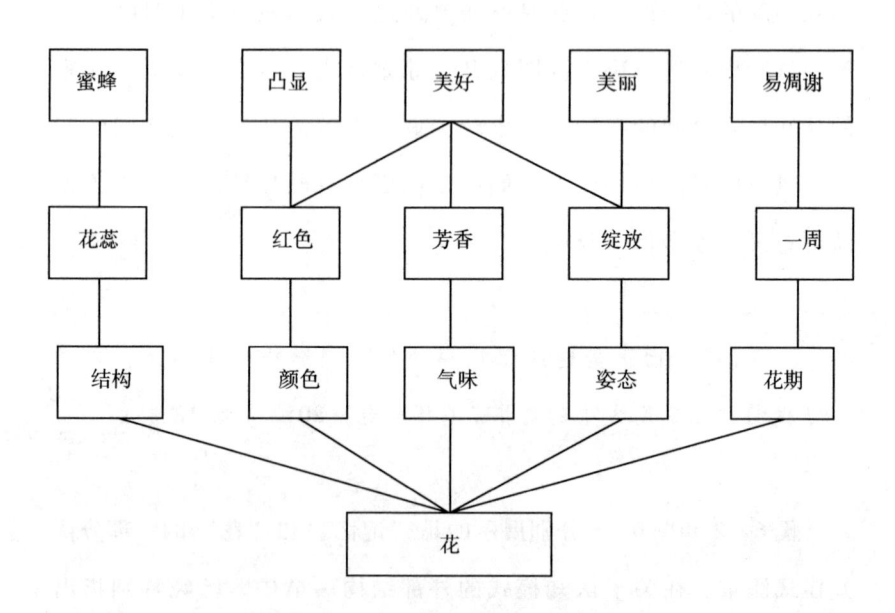

图 6-3 "花"的部分认知模式侧重

在以上隐喻簇例句中,词汇概念单位[记忆深处的花]向概念系统提供接入之后，认知模式侧重"记忆"与认知模式侧重"花"之间依据循规匹配原则展开了匹配。依据概念连贯原则，在"花"的次级认知模式层面获得了概念内容的连贯，即"记忆"的次级认知模式"愉快"与"花"的次级认知模式"美好"出现匹配，"记忆"的次级认知模式"易逝"与"花"的次级认知模式"易凋谢"出现匹配。在这里，可以出现的匹配还有更多，仁者见仁，智者见智。然而，在没有语用语境的情况下，记忆的"美好"和花的"美好"之间的匹配，会成为默认的匹配，实现默认的隐喻意义。其一，在这一匹配中，"美好"相比"易凋谢"等其他认知模式，子范畴更多，因而概念内容更丰富，信息量更大，其二，"美好"与相邻分句中的"灯塔"语义更连贯。

诠释虽然是三大语义组构机制中的最后一步，但并非意义建构的终点。在实际意义建构的过程中，诠释所获得的丰富的概念内容（多模态模拟信息）会参与到新的词汇概念选择、整合的过程中，形成复杂的词汇概念单位，并向概念系统提供接入，又开始新一轮的诠释，周而复始，直至整个隐喻簇内所有开放类词汇概念完成选择、整合和诠释，从而获得语境下的意义。

第五节 簇的实现：个案分析

本节基于上述的隐喻接入机制和语义组构机制，参考图 6-4 所示的意义建构流程，对隐喻簇意义实现的整个过程基于案例进行完整的阐述。

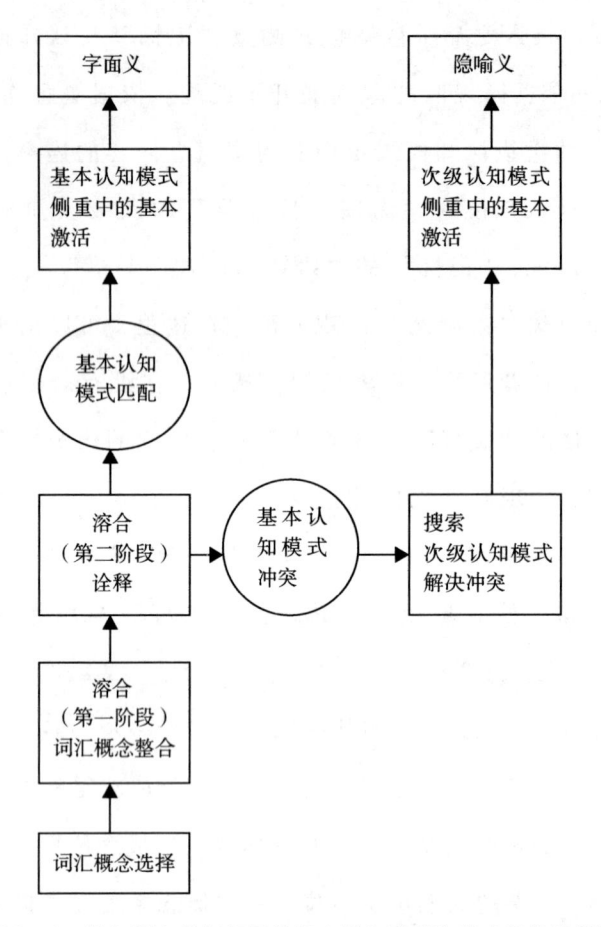

图 6-4　接入语义学框架下的语义接入路线和意义组构流程①

下面以第五章的例（12）为案例，对隐喻簇的意义建构过程进行阐述。为方便讨论，本章将该例句重新编号为例（19）。

（19）杰克·凯鲁亚特的小说《在路上》里有这样一段话："你的道路是什么，老兄？乖孩子的路，疯子的路，五

---

① Vyvyan Evans, *How Words Mean*: *Lexical concepts, cognitive models, and meaning construction*, Oxford University Press, 2009, p. 286.

彩的路,浪荡子的路,任何的路。到底在什么地方,给什么人,怎么走呢?"(《读者》2012 年第 23 期)

语义组构第一步:词汇概念的选择(前台语言系统内部的语义组构机制)

例(19)中视觉文字符号为隐喻簇的载体(符形),在理解过程中,在特定语境下,通过词汇概念选择,循序获得以下词汇概念:

〔杰克·凯鲁亚特〕〔的〕〔小说〕〔在路上〕〔里〕〔有〕〔这样〕〔一〕〔段〕〔话〕〔你〕〔的〕〔道路〕〔是〕〔什么〕〔老兄〕〔乖〕〔孩子〕〔的〕〔路〕〔疯子〕〔的〕〔路〕〔五彩〕〔的〕〔路〕〔浪荡子〕〔的〕〔路〕〔任何〕〔的〕〔路〕〔到底〕〔在〕〔什么〕〔地方〕〔给〕〔什么〕〔人〕〔怎么〕〔走〕〔呢〕

语义组构第二步:词汇概念的整合(前台语言系统内部的语义组构机制)

根据词汇概念整合的原则,将以下词汇概念分为 10 组,如下:

(19)—1〔杰克·凯鲁亚特〕〔的〕〔小说〕〔在路上〕〔里〕〔有〕〔这样〕〔一〕〔段〕〔话〕

(19)—2〔你〕〔的〕〔道路〕〔是〕〔什么〕〔老兄〕

(19)—3〔乖〕〔孩子〕〔的〕〔路〕

(19)—4〔疯子〕〔的〕〔路〕

(19)—5〔五彩〕〔的〕〔路〕

(19)—6〔浪荡子〕〔的〕〔路〕

(19)—7〔任何〕〔的〕〔路〕

(19)—8〔到底〕〔在〕〔什么〕〔地方〕

（19）—9［给］［什么］［人］

（19）—10［怎么］［走］［呢］

这些词汇概念依照先后顺序进行词汇概念整合，整合步骤如下：

第一，内部封闭的词汇概念与简单的内部开放词汇概念进行内部整合，获取句法关系。如（19）—2中［道路］与词汇概念［事物］进行内部整合，获取"主语"的句法功能；如（19）—1中词汇概念单元［杰克·凯鲁亚特的小说］与词汇概念［事物］进行内部整合，获取了"定语"的句法功能。

第二，内部封闭的词汇概念之间进行外部整合，获得词汇概念单元。如［杰克·凯鲁亚特］［的］［小说］通过外部整合，获得了词汇概念单元［杰克·凯鲁亚特的小说］。

第三，内部封闭的词汇概念与复杂的内部开放词汇概念进行内部整合，获得语义关系。如［杰克·凯鲁亚特］［的］［小说］［在路上］［里］［有］［这样］［一］［段］［话］与词汇概念［特定的事物A拥有非特定事物B］进行内部整合，使三个词汇概念获得特定的语义关系。

第四，词汇概念单元之间或内部封闭的词汇概念与词汇概念单元进行外部整合，获得复杂词汇概念单元。如［你的道路是什么］［乖孩子的路］［浪荡子的路］［五彩的路］通过外部整合，获得复杂的词汇概念单元［人生是拥有某种特质的旅行］。

第五，步骤循环，直至完成整个句子的词汇概念整合，形成一个复杂的词汇概念单元。

语义组构第三步：诠释（后台概念系统的接入和语义组构机制）

通过整合而得到的词汇概念单位和复杂词汇概念单位，向概念系统提供接入，启动诠释机制。在词汇概念单位中各个词汇概念所提供接入的认知模式侧重之间建立匹配，对概念内容进行搜索，非隐喻语言在基本认知模式层面实现匹配；隐喻喻体词汇概念所提供接入的认知模式侧重在规约程度较高的情况下也可在基本认知模式层面实现匹配；在规约程度较低的情况下，则需要接入次级认知模式方能实现匹配，获取情景意义。

如（19）—5中的词汇概念单位［五彩的路］，由于词汇概念［路］在（19）—2、（19）—3和（19）—4的诠释过程中已经获取概念内容"人生的选择"，这一概念内容参与到词汇概念单位［五彩的路］的整合过程中，形成一个复杂词汇概念单位［五彩的路］"人生"。这样一来，（19）—5中的词汇概念单位［五彩的路］所提供接入的认知模式"五彩"和认知模式"路"，在这一信息的指引下直接进入次级认知模式进行匹配，即"五彩"的基本认知模式"五种颜色"下隶属的次级认知模式"丰富多样的"和"路"的基本认知模式"路的选择"下隶属的次级认知模式"选择"进行匹配，并匹配成功，获取情景下的隐喻意义，即"丰富多样的人生选择"。

再比如（19）—3中，涉及一个基于转喻的隐喻。由词汇概念单位［乖孩子的路］向概念系统提供接入激活了"乖孩子"认知模式侧重和"路"认知模式侧重，并进行匹配。如上所述，已经在（19）—2中获取的概念内容"人生的选择是路"参与到词汇概念单位［乖孩子的路］的整合过程中，形成一个复杂词汇概念单位［乖孩子的路］"人生"。于是，词汇概念［乖孩子］和［路］所提供接入的认知模式"乖孩子"和"路"在这一概念内容的指导下接入了各自的次级认知模式，即"乖孩子"基本认知模式

"听话"下隶属的"不由自己"次级认知模式和"路"基本认知模式"路的选择"下隶属的"选择"次级认知模式进行匹配，并获取语境下的隐喻意义，即"人生的选择不由自己"。

必须指出的是，尽管在以上阐述中对语义组构的三大机制分别集中进行举例解释，但在实际操作过程中，并不是要完成所有词汇概念的选择才能进入词汇概念整合阶段，也并不是要完成所有词汇概念整合才能进入诠释阶段。三大语义组构机制选择、整合和诠释是顺着接入路线无缝向前演进的。如果将一次选择、整合和诠释视作一次轮回，那么隐喻簇意义的建构是一个随着听觉和视觉上新的符形的加入，不断轮回的周而复始的过程，直至说话者说完整个隐喻簇，或读者读完整个隐喻簇语言单位，并且所有词汇概念单位都参与完毕语义组构流程。

因此，隐喻簇意义的建构是一个动态的过程，随着新的概念内容的不断激活并参与组构，我们也会有时回过头去对之前加工过的词汇概念进行修正和更新。比如在（19）—1 的诠释中，"在路上"在没有其他语境信息的提示下，直接接入基本认知模式"旅行途中"完成匹配。而在（19）—2 中，"道路"所提供接入的基本认知模式"旅行途中的路"与词汇概念［什么］产生了冲突，因为"路"代表方向，在其基本认知模式下，通常的语义逻辑是"路在何方"而非"路是什么"。为了解决这一语义冲突，"路"的次级认知模式"选择"被激活，而这一激活也在接下来的（19）—3 中得到更确切的验证，因此受话者或读者便会回过头对（19）—1 中"在路上"所接入的"路途中"基本认知模式进行修正，重新接入了"朝着目的地前进"基本认知模式下的"朝着目标努力着的"次级认知模式，获得语境下的意义"朝着目标努力着的人生"。

第七章 结论与展望

第一节 研究结果

本书主要做了三件事。

一是从现象层面,厘清和探讨了隐喻簇的定义、划分标准、研究历史、语义结构、语篇结构、认知功能、分类框架。

二是从方法层面,以《读者》期刊2012年全年文章约198万字自建语料库对本书的相关论点提供实证依据。

三是从理论层面,在接入语义学的统一框架之下,对隐喻簇这一前台语言现象的后台认知理据进行探讨;对隐喻簇目标域的接入路线和隐喻簇的意义建构过程进行了探讨。

以下逐一总结。

现象层面的主要研究结果如下:

(1) 本书通过对现有隐喻簇定义的对比研究,对利科、卡梅伦、基梅尔等人的隐喻簇定义做了三项修订。一是通过考察各学者的语料库研究结果,提出了明确的隐喻喻体数量要求,以"两个或两个以上"来取代现有定义中的"多个",使隐喻簇的识别过程有严格的量化依据,弥补之前研究在隐喻簇识别方法上的模糊性。二是参考隐喻识别程序（MIP）（Pragglejaz，2007），以"喻体词项"和"本体词项"为统计对象，来取代以"概念隐喻"的个数为统计对象，使隐喻簇可以在语言系统内部得到定义。三是在定义中明确提到"隐喻语言集合单位"以突出隐喻簇本质上属于语言现象。本书提出隐喻簇定义如下：隐喻簇由两个或两个以上喻体或本体词项在邻近语篇中成簇涌现所构成的隐喻语言集合单位。

（2）隐喻簇的划分标准是关系到隐喻簇识别的基础问题。本研究选取基梅尔（2010）所提供之语料，通过对其原文进行定位追溯的方法，还原并考察其在隐喻簇划分中的具体操作。结合基梅尔（2010）和卡梅伦（2004）的观点，提出了本书遵循的隐喻簇划分规则：一是以句子为最小单位；二是每个句子都必须包含隐喻喻体词项；三是隐喻簇的边界从语篇中任何包含隐喻喻体词项的句子开始，随着隐喻语言的持续成簇涌现，沿着紧邻的句子依次往后延伸，并随着隐喻语言的终止，在最后一个包含隐喻喻体词项的句子结束。

（3）隐喻簇具有涌现性、或然性和局部性的属性，它是区别于篇章隐喻、隐喻式篇章、博喻等其他现象的、独特的语言隐喻现象。隐喻簇具有多喻共存、语义冲突的语义特征，以及不平衡分布、邻近语篇、成簇共现、长度多变的语篇特征。基于本书的文学性书面语言语料库，本书提出了隐喻簇的三大认知功能。一是对核心交际意图的高效表达，包括对心理活动、情绪、评价和观点的表达；二是语义连贯功能，主要通过喻体的重复、喻体的衍生、主题的呼应和篇章隐喻簇的方式实现；三是美学功能，主要包括意象美和意境美两方面。

（4）现有隐喻簇分类主要分为单纯隐喻簇和混杂隐喻簇两类，存在"一刀切"的过简化倾向，不足以对复杂多变的隐喻簇现象进行细致的分类。本书结合三维坐标系数学原理，提出三维坐标分类法。若隐喻簇的类型为 P（X，Y，Z），设 X 变量为隐喻簇内句子间或从句间的语义关系类型，包括平行型和递进型两类；设变量 Y 为始源域与目标域之间的映射关系类型，包括交织形和向日型两类；设变量 Z 为喻体词项之间的语义连贯类型，包括离散型和互补型两类，排除实际操作中并不存在的两种类型，得出了隐喻簇类型 P（X，Y，Z）的六种解，即单纯隐喻簇可进一步细分为平行向日互补型和递进向日互补型两类；混杂隐喻簇可分为平行交织离散型、平行交织互补型、递进交织离散型和平行交织离散型四类。

（5）混杂隐喻是一种得体的、连贯的隐喻语言，具有"混而不杂"和大量使用规约隐喻的语义特征。其结构特征表现在，喻体词项的分布遵循一定的句法分布规则。一是将来自不同始源域的喻体置于不同的从句中；二是当来自不同始源域的喻体词项必须置于同一个从句中时，喻体词项绝大部分情况下词汇化程度高，或偶见出现一个规约程度较低的喻体词项。

语料库研究的主要结果如下：

（1）语料库数据表明，隐喻簇普遍存在于汉语隐喻语言中。在两期语料库中，80%以上的"人生"隐喻语料呈现出隐喻簇的形式。

（2）混杂隐喻簇是隐喻簇的主要形式，83.8%的隐喻簇都是由来自不同始源域的喻体或不同目标域的本体构成的。

（3）概念隐喻的系统性是隐喻簇形成的重要认知理据，其中结构隐喻构成了"人生"隐喻概念来源的70%左右。

（4）在对语料的观察过程中，我们发现转喻与隐喻互动频繁，是隐喻簇形成的另一重要认知理据；数据显示，17.6%的隐喻簇语料都伴随着转喻语言的出现，11%的隐喻簇是基于转喻的隐喻簇，62.5%的包含转喻语言的隐喻簇中至少有一个或一个以上的喻体是基于转喻生成的。

理论层面的研究结果如下：

（1）隐喻簇作为一种前台语言现象，其涌现是一个从后台概念系统到前台语言系统的认知生成过程。本书基于语料库数据，从后台认知的角度对隐喻簇的认知理据进行了系统深入的探讨，认为隐喻簇的后台认知理据主要有二。一是隐喻簇的概念隐喻认知理据，包括结构隐喻、实体隐喻、方位隐喻等（详见语料库数据结果第三条）；二是隐喻的概念转喻理据，包括隐喻簇与转喻语言的共现、基于转喻的隐喻簇和基础隐喻的转喻本质（详见语料库数据结果第四条）。

（2）隐喻簇中目标域的实现（或称隐喻的实现）是一个从词汇概念到次级认知模式的认知接入过程，即词汇概念以纲领性、图式化的非模态语言信息向概念系统中丰富生动的多模态模拟信息提供接入，激活了概念结构中的基本认知模式，即始源域，并由于始源域之间的语义冲突，而进一步接入词汇概念不直接提供接入的次级认知模式，使冲突得到解决的认知接入过程。

（3）混杂隐喻的语义"混杂"仅表现在基本认知模式层面，次级认知模式间的统一是混杂隐喻簇获得语义连贯的核心机制。

（4）在某些极少见的情况下，始源域之间的冲突并不能在次级认知模式接入后得到缓解，主要有两种情况：一是喻体词项具有形象生动的意象；二是喻体词项属于新奇隐喻。这两种情况下，始源域即基本认知模式中的意象或概念内容会得到深加工，不会即刻退出注意区，因此在次级认知模式（目标域）得到接入后，对概念信息的整合和提取产生语义干扰，导致这类隐喻簇令人产生不愉悦或不妥当之感。

（5）在隐喻簇意义实现的认知接入进程中，在词汇概念、基本认知模式和次级认知模式三个关键节点上，选择、整合与诠释三大语义组构机制对于接入的具体模式和具体路径提供了明确的指导。首先，在词汇概念层面，喻体词项符形所编码的词汇概念侧重，在特定语境下，选择特定的词汇概念进行解码，这是第一步，即词汇概念的选择。其次，被选择的词汇概念按照特定顺序进行整合，整合的最终结果是获得一个词汇概念单位，并向概念系统中的基本认知模式提供接入，这就是词汇概念的整合。一旦基本认知模式得到接入，概念系统中的诠释机制开始运作，诠释的目的是使抽象的词汇概念获取丰富的信息刻画，诠释核心机制是匹配，即对两个目标认知域进行匹配。若匹配在基本认知模式层面无法达成，这时搜索机制启动，对基本认知模式链状关联的次级认知模式中概念内容进行搜索，直到匹配达成，隐喻意义实现。诠释是一个不断重复的过程，即被提取的概念内容，将参与隐喻簇中其他开放类词汇概念的整合和诠释过程，直到整个隐喻簇中所有词汇概念都完成选择、整合和诠释三个步骤，隐喻簇意义建构完成。

第二节　创新点

本书的主要创新之处同样也体现在现象、方法和理论三个方面。

（1）在现象层面，修订并提出了较为明确的隐喻簇定义和操作性较强的隐喻簇划分标准，为隐喻簇的识别提供了量化依据；基于语料库数据证实了隐喻簇现象在现代汉语自然语言中的广泛存在；通过三维坐标系对动态多变的隐喻簇现象进行了较为细致的分类；对隐喻簇的语义结构、语篇结构和隐喻簇的认知功能也进行了较为全面的阐述。值得一提的是，本书在语料编码的过程中发现了转喻簇现象的存在，以及语言转喻与隐喻簇的共现现象，为隐喻的转喻生成理据和隐喻转喻互动模式研究提供了新的实证证据。

（2）在研究方法上，本书遵循严格定义的编码步骤、标准和流程，并因材制宜将语料库研究分为两个阶段。通常情况下的语料库研究，介于时间成本等因素，采取粗放研究策略，通过预设关键字搜索获取子语料。本书采用细致研究和粗放研究兼顾的策略。第一阶段以2012年全年《读者》期刊中的其中四期为样本语料库，采取细致研究的策略，进行人工逐字逐篇编码，目的有二：一是尽量避免漏算相关隐喻簇；二是在无关键字先入偏见的情况下对"人生"隐喻簇的概念网络和隐喻簇的频率进行较为全面客观的了解。这一目的达到之后，第二阶段，以《读者》全年共24期为语料，采取粗放研究的策略，以"人生"为关键字，搜索周边上下十行之内的人生隐喻簇，获取隐喻簇语料。为弥补这一粗放方法可能遗漏的隐喻簇，又额外选取隐喻喻体相对密集涌现的语例的原文，通篇逐字检索"人生"隐喻簇。

（3）在理论层面，本书在接入语义学这一新兴的认知语言学理论框架下之下，对隐喻簇的认知理据和意义建构进行了较为系统深入的探讨。从前台认知和后台认知的角度,指出隐喻簇的涌现是一个从后台概念系统到前台语言系统的认知生成过程,并对隐喻簇这一前台语言现象的后台概念隐喻和概念转喻认知理据进行了深入探讨;从认知接入的角度,通过探讨喻体词汇概念所接入的认知模式在始源域层面和目标域层面的语义冲突和统一,阐释了混杂隐喻簇"混而不杂"的语义连贯机制,指出了混杂隐喻的语义"混杂"仅表现在基本认知模式层面,次级认知模式间的统一是混杂隐喻簇获得语义连贯的核心机制;并从选择与融合的角度,对隐喻簇从前台语言系统到后台概念系统的完整语义组构过程进行了建构。

第三节 展望

本书采用语料库定量和定性分析的方法,在接入语义学理论框架下,尝试对现代汉语隐喻簇现象进行系统研究。本书对隐喻簇句法结构和语义结构等的系统考察和描写,对隐喻语言的人工智能识别有着重要的借鉴意义。隐喻簇与人工智能的交叉领域可进一步开展跨学科研究。

此外,未来可以通过脑电实验或眼动实验等神经科学方法对隐喻簇生成和理解过程中大脑的活动进行观察,相信能帮助研究者们更好地解释隐喻簇现象,为语言的一般认知机制提供更多实证依据。

不仅如此,对隐喻簇进行形式化描写、对从隐喻到隐喻簇的符号化过程的认知符号学探讨、对隐喻簇生成的现象学理据的探讨,都是笔者将来致力于拓展的方向。

隐喻簇现象作为语言系统、概念系统和语用的共同产物，为三者的接口研究提供了切入点。首先，隐喻簇的生成离不开概念系统中的概念隐喻认知机制；其次，从概念隐喻到隐喻簇，在经过语言符号介导之后，隐喻簇的符号特征和语义结构体现着语言系统的一般加工机制，具有区别于其他模态隐喻的甄别性特征；再次，隐喻簇又是一种语用现象，它是使用中的语言，体现了特定语境下说话者或写作者的交际意图。而现有的概念隐喻理论只对隐喻系统内部的跨域意义建构提供了理论依据，对隐喻簇中涉及多个无共同认知基础的隐喻系统之间的跨喻意义建构现象则解释力相对较弱。[1] 因此，隐喻簇不仅为进一步探索概念系统、语言系统和语用三者之间的互动提供了切实可行的切入点，相关研究也为概念隐喻理论的发展带来了新的契机。

---

[1] Michael Kimmel, "Why we mix metaphors (and mix them well): Discourse coherence, conceptual metaphor, and beyond", *Journal of Pragmatics*Elsevier, 2010, p. 113.

参考文献

一 中文文献

［法］保罗·利科：《活的隐喻》，汪堂家译，上海译文出版社 2004 年版。

曹道根：《语词如何表意介评》，《当代外语研究》2012 年第 5 期。

陈道明：《"混杂隐喻"和隐喻连贯》，《华侨大学学报》（哲学社会科学版）2000 年第 2 期。

戴忠信：《词如何生义：词汇概念、认知模式与意义建构评价》，《外语教学与研究》2011 年第 6 期。

高原：《古典诗歌中隐喻与转喻的互动》，南开大学出版社 2013 年版。

黄华新、陈宗民编：《符号学导论》，河南人民出版社 2004 年版。

黄华新编：《描述语用学》，吉林人民出版社 2006 年版。

黄月华：《多义词过的认知研究》，《外语学刊》2012 年第 4 期。

［英］卡梅伦：《隐喻的研究与应用》，上海外语教育出版社 2001 年版。

李向农：《现代汉语定心结构中形式与意义的脱节现象》，《安徽师大学报》1985 年第 4 期。

李向农:《隐逻辑词格与混杂隐喻》,《当代修辞学》1987 年第 4 期。

刘焕辉:《修辞学纲要》,百花洲文艺出版社 1997 年版。

陆谷孙编:《英汉大词典》,上海译文出版社 2007 年版。

[法] 热拉尔·热奈特:《转喻:从修辞格到虚构》,吴康茹译,漓江出版社 2013 年版。

沈家煊:《认知与汉语语法研究》,商务印书馆 2009 年版。

束定芳:《认知语义学》,上海外语教育出版社 2008 年版。

束定芳:《隐喻学研究》,上海外语教育出版社 2000 年版。

束定芳:《隐喻与转喻研究》,上海外语教育出版社 2011 年版。

谭学纯:《汉语修辞格大辞典》,上海辞书出版社 2010 年版。

汪榕培、卢晓娟:《英语词汇学教程》,上海外语教育出版社 2005 年版。

王丽丽:《复合隐喻的认知心理图式》,《外语学刊》2010 年第 6 期。

王文斌:《隐喻的认知构建与解读》,上海外语教育出版社 2007 年版。

魏纪东:《篇章隐喻研究》,上海外语教育出版社 2009 年版。

徐慈华:《选择与适应:汉语隐喻的语用纵观研究》,中国社会科学出版社 2009 年版。

许焕荣:《隐喻语篇综合研究》,国防工业出版社 2012 年版。

严辰松:《语言使用建构语言知识,基于使用的语言观概述》,《解放军外国语学院学报》2010 年第 6 期。

张辉:《熟语及其理解的认知语义学研究》,军事谊文出版社 2003 年版。

张辉、卢卫中:《认知转喻》,上海教育出版社 2010 年版。

张辉、杨波:《认知组构语义学与比喻语言字面义及非字面义的区别》,《重庆大学学报》(社会科学版) 2008 年第 14 卷第 1 期。

张松松:《句法和语义的互动关系的隐喻和转喻视角研究述评》,《外语研究》2012 年第 5 期。

赵元任:《汉语结构各层次间形态与意义的脱节现象》,国外语言学 1981 年版。

二 英文文献

Albert J. Mills, *Encyclopedia of Case Study Research*: *L-Z*, Sage Publications Inc., 2010: 407.

Barcelona, A. (ed), On the plausibility of claiming a metonymic motivation for conceptual metaphor, In Barcelona, A. (ed.), *Metaphor and Metonymy at the Crossroads*, Berlin/New York: Mouton deGruyter, 2000 (b).

Barcelona, A., Clarifying and applying the notions of metaphor and metonymy within Cognitive Linguistics: an update, In Dirven, R. and R. Porings (eds.), *Metaphor and Metonymy in Comparison and Contrast*, (Cognitive Linguistics Research 20.) Berlin/New York: Mouton de Gruyter, 2002: 207 – 278.

Barcelona, A., Metonymy in Cognitive Linguistics, An analysis and a few modest proposals, In Cuyckens, H., Th. Berg, R. Dirven and K. -U. Panther (eds.), *Motivation in Language*, Studies in Honor of Günter Radden, Amsterdam/Philadelphia: John Benjamins, 2003: 223 - 255.

Barlow, M. & Kemmer, S. (Eds.), *Usage-based models of language*, Stanford, CA: CSLI Publications, 2000.

Barsalou, L., Continuity of the conceptual system across species, *Trends in Cognitive Sciences*, 2005 (9): 309 - 311.

Barsalou, L., Situated simulation in the *human conceptual system*, *Language and Cognitive Processes*, 2003 (18): 513 - 562.

BASARLOU, B., Perceptual Symbol System, *Behavioral and Brain Sciences*, 1999 (22): 577 - 660.

Beate Hampe, *From Perception to Meaning—Image Schemas in Cognitive Linguistics*, Mouton de Gruyter, 2005.

Benczes, R., *Creative Compounding in English: The semantics of Metaphorical and Metonymical Noun-Noun Combinations*, Amsterdam: John Benjamins Publishing Company, 2006.

Blank, A., Co-presence and succession: A cognitive typology of metonymy, In Panther, K. -U. & G. Radden (eds.), *Metonymy in Language and Thought*, Amsterdam and Philadelphia: John Benjamins, 1999: 169 - 191.

Bonhomme, M., Metonymic coding of linguistic action in English, Croatian and Hungarian, In Panther, K. -U. & L. Thornburg (eds.), *Metonymy and Pragmatic Inferencing*, Amsterdam/Philadelphia: John Benjamins, 2004: 241 - 266.

Bybee, J., From usage to grammar: The mind's response to repetition, *Language*, 2006, 82 (4): 711 - 733.

Cabeza et al., Functional Imaging of Autobiographical Memory,

Trends in Cognitive Sciences, 2007 (11): 219 – 227.

Cameron & Stelma, Metaphor clusters in discourse, *Journal of Applied Linguistics*, 2004 (1): 107 – 136.

Cameron, Lynne, *Metaphor in Educational Discourse*, Continuum, 2003.

Cameron, Lynne, *Metaphor in Spoken discourse*, In Routledge Handbook of Pragmatics, Routledge, 2013.

Charles Forceville, Eduardo Urios-Aparisi (Eds.), *Multimodal Metaphor*, Berlin: Mouton de Gruyter, 2009.

Constable, John, *Reflections Upon Accuracy of Style*, London: Printed for John Hawkins, 1731: 104.

Cornelia Müller, *Metaphors Dead & Alive, Sleeping and Walking: A Dynamic View*, University of Chicago Press, 2008: 134 – 177.

Corts, Daniel, Factors characterizing burst of figurative language and gesture in college lectures, *Discourse Studies*, 2006 (8): 211 – 233.

Corts, Daniel, Meyers, Kristina, Conceptual clusters in figurative language production, *Journal of Psycholinguistic Research*, 2002 (31): 391 – 408.

Corts, Daniel, Pollio, Howard, Spontaneous production of figurative language and gesture in college lectures, *Metaphor and Symbolic Activity*, 1999 (14): 81 – 100.

Croft, W. & Cruse, D. A., *Cognitive Linguistics*, Cambridge: Cambridge University Press, 2004.

Croft, W., The role of domains in the interpretation of metaphors and metonymies, In Dirven, R. and R. Po¨rings (eds.), *Metaphor* and *Metonymy in Comparison and Contrast*, (Cognitive Linguistics Research 20.) Berlin/New York: Mouton de Gruyter, 2002: 161 – 205.

Croft, W., *Radical Construction Grammar*, New York: Oxford University Press, 2001.

Croft, W. and D. A. Cruse, *Cognitive Linguistics*, Cambridge: Cambridge University Press, 2005.

Dale Pesmen, "Reasonable and Unreasonable Worlds: Some Expectations of Coherence in Culture Implied by the Prohibition of *Mixed Metaphor*", *Beyond Metaphor: The Theory of Tropes in Anthropology*, ed. by J. W. Fernandez, 1991.

Danker et al., The ghosts of brain states past: remembering reactivates the brain regions engaged during encoding, *Psychological Bulletin*, Vol. 136 (1), Jan 2010: 87 – 102.

David Lee, *Cognitive Linguistics*, Victoria, Oxford University Press, 2001.

Deignan, A., *Metaphor and Corpus Linguistics*, Amsterdam: John Benjamins, 2005.

Dirven Rene and Ralf Porings (eds.), *Metaphor and Metonymy in Comparison and Contrast*, (Cognitive Linguistics Research 20.) Berlin/New York: Mouton de Gruyter, 2003.

Dirven, R., Pörings, R., *Metaphor and Metonymy in Comparison and Contrast* (Eds.), Berlin: Mouton de Gruyter, 2002.

Evans, V., Figurative Language Understanding in LCCM Theory, *Cognitive linguistics*, 2010, 21 (4).

Evans, V., Lexical concepts, cognitive models and meaning construction, *Cognitive linguistics*, 2006, 17 (4).

Evans, V., *How Words Mean: Lexical Concepts, Cognitive Models and Meaning Construction*, Oxford: Oxford University Press, 2009.

Evans, V., *Language and time: A Cogntive Linguistic Approach*, Cambridge University Press, 2013.

Evans, V., *The Structure of Time: Language, Meaning and Temporal Cognition*, Amsterdam: John Benjamins, 2004.

Evans, V. and Melanie Green, *Cognitive Linguistics: An Introduction*, Edinburgh: Edinburgh University Press, 2006.

Fauconnier, G. & M., Turner, *The Way We Think: Conceptual Blending and the Mind's Hidden Complexities*, New York: Basic Books, 2002.

Fauconnier, G. & M. Turner, Blending as a Central Process of Grammar, In A. E. Goldberg (ed.), *Conceptual Structure, Discourse and Language*, Stanford: CSLI Publications, 1996.

Fauconnier, G. & Turner, M., Conceptual Integration Network, *Cognitive Science*, 1998, 22 (2).

Fauconnier, G., *Cognitive Linguistics, Foundations, Scope, and Methodology*, Walter de Gruyter, Berilin: New York, 1999: 96.

Fauconnier, G., *Mapping in Thought and Language*, Cambridge: Cambridge University Press, 1997.

Fauconnier, G., *Mental Spaces*, Cambridge MA: MIT Press, 1994.

Fauconnier, G., *Spaces, Worlds, and Grammar*, London, The University of Chicago Press, 1996.

Feyaerts, K., Refining the inheritance hypothesis: interaction between metaphoric and metonymic hierarchies, In Barcelona, A. (ed.), *Metaphor and Metonymy at the Crossroads: A Cognitive Perspective*, Berlin/New York: Mouton de Gruyter, 2000: 59 – 78.

Fillmore, C., Frame semantics, In Dirk Geeraerts (ed.), *Cognitive Linguistics: Basic readings*, Berlin: Mouton de Gruyter, 2006.

Fillmore, C., Frames and the semantics of understanding, *Quaderni di Semantica*, 1985: VI.

Fillmore, C. J. & B. T. Atkins, Starting where the dictionaries stop: The challenge of corpus lexicography, In Atkins, B. T. & A. Zempolli (eds.), *Computational Approach to the Lexicon*, Oxford: Oxford University Press, 1994.

Fillmore, C. J., Frame semantics and the nature of language, In Harnad, S., H. Steklis & J. Lancaster (eds.), *Origins and Evolution of Language and Speech*, Annals of the New York Academy of Sciences, Vol. 280, 1976.

Foucault Michel, *The Order of Things*, Tavistock Publoications, 1970: XV.

Frisson, S. and M. J. Pickering, The processing of metonymy: Evidence from eye movements, *Journal of Experimental Psychology: Learning, Memory and Cognition*, 1999 (25): 1366 – 1383.

Gary Palmer, Russell s. Radder, Art D. Clarito. Metonymic Basis of a Semantic Partial, In Klaus Uwe Panter, Linda L. Thornburg, Antonio Barcelona, *Metonymy and Metaphor in Grammar*, Amsterdam and Philadelphia: John Benjamins Publishing Company, 1999.

Gibbs, R., Why many concepts are metaphorical, *Cognition*, 1996 (61): 309 – 319.

Gibbs, R., *Embodiment and Cognitive Science*, Cambridge: Cambridge University Press, 2006.

Gibbs, R., *The Poetics of Mind*, Cambridge: Cambridge University Press, 1994.

Goatly Andrew, *The Language of Metaphors*, Routledge, 1997: 32.

Goatly, Andrew, *The Language of Metaphors*, Routledge, London, 1997.

Goldberg, Adele E., The Nature of Generalization, *In Cognitive Linguistics* 20 – 1 (2009), 93 – 127, Walter de Gruyter.

Goldberg, Adele E., *Construction at Work: The Nature of Generalization*, New York: Oxford University Press, 2006.

Goldberg, Adele E., *Constructions: A Construction Grammar Approach to Argument Structure*, Chicago/London: The University of Chicago Press, 1995.

Goossens, L., Metaphonymy: The interaction of metaphor and metonymy in expressions for linguistic action, *Cognitive Linguistics*, 1990, 1 (3): 323 – 340.

Grady, Joseph, A Typology of Motivation for Conceptual Metaphor: Correlation vs. Resemblance, In Raymond W. Gibbs and Gerard J. Stehen (eds.), *Metaphor in Cognitive Linguistics*, Amsterdam/Philadelphia: Benjamins, 1999: 79 – 100.

Grady, Joseph, Todd Oakley, and Seana Coulson, Blending and Metaphor, In Raymond W. Gibbs and Gerard J. Steen (eds.), *Metaphor in Cognitive Linguistics*, Amsterdam/Philadelphia: Benjamins, 1999: 101 – 124.

Gunter Radden and Rene Dirven, *Cognitive English Grammar*, Amsterdam, John Benjamins Publishing Company, 2007.

Gunter Radden and Rene Dirven, *Cognitive English Grammar*, Amsterdam, John Benjamins Publishing Company, 2007.

Hopper, P. & Thompson, Transitivity in grammar and discourse, *Language*, 1980 (56): 251 – 299.

Hurford, *Oxford Handbook of Language Evolution*, Oxford University Press, Oxford, 2007.

Jakobson, R., The metaphoric and metonymic poles, In Dirven, R. and R. Pörings (eds.), *Metaphor and Metonymy in Comparison and Contrast*, (Cognitive Linguistics Research 20.) Berlin/New York: Mouton de Gruyter, 2002: 41 – 47.

John R. Searle, Daniel Clement Dennett, David John Chalmers, *The Mystery of Consciousness*, New York Review of Books, 1997.

John Searle, *Consciousness and Language*, New York, Cambridge University Press, 2002.

John Searle, *The Construction of Social Reality*, New York, Free Press, 1995.

John Searle, *The Construction of Social Reality*, New York, Free Press, 1995.

Johnson, M. , *The Body in the Mind*: *The Bodily Basis of Meaning, Imagination and Reason*, Chicago: Chicago University Press, 1987.

Julia Elisabeth Lonergan, *Understanding Mixed Metaphor and Conceptual Metaphor Theory*, University of Califonia, Santa Cruz, Dissertation, 2009.

Jurafsky, D. , et al. , Probabilistic relations between words: Eddenee from reduction in lexical production, J. Bybee & P. Hopper, *Frequency and the Emergence of Linguistic Structure*, Amsterdam: John Benjamins, 2001.

Koller, Veronika, *Metaphor Clusters in Business Media Discourse*: *A Social Cognition Approach*, Dissertation, Vienna University, 2003.

Kovecses, Z. & Radden, G. , Metonymy: Developing a cognitive linguistic view, *Cognitive Linguistics*, 1998, 9: 37 – 77.

Kovecses, Z. & Radden, G. , Towards a theory of metonymy, In K. - U Panther and G. Radden (eds.), *Metonymy in Language and Thought*, Amsterdam/Philadelphia: John Benjamins, 1999.

Kovecses, Z. , *Metaphor*: *A Practical Introduction*, Oxford: Oxford University Press, 2010.

Lakoff, G. & Johnson, M. , *Metaphors We Live By*, Chicago: The University of Chicago Press, 1980.

Lakoff, G. & Johnson, M. , *Philosophy in the Flesh*: *The Embodied Mind and Its Challenge to Western Thought*, New York: Basic Books, 1999.

Lakoff, G. , *Woman, Fire and Dangerous Things*: *What Categories Reveal about the Mind*, Chicago: The University of Chicago Press,

1987.

Langacker, R., A dynamic usage-based model, M. Barlow & S. Keramer, *Usage-based Models of Language*, Stanford: SLI, 2000.

Langacker, R., Metonymic Grammar, In Klaus Uwe Panter, Linda L. Thornburg, Antonio Barcelona, *Metonymy and Metaphor in Grammar*, Amsterdam and Philadelphia: John Benjamins Publishing Company, 2009.

Langacker, R., Reference-point constructions, *Cognitive Linguistics*, 1993 (4): 1 – 38.

Langacker, R., *Foundations of Cognitive Grammar: Descriptive Prerequisites*, Stanford: Stanford University Press, 1991.

Langacker, R., *Foundations of Cognitive Grammar: Theoretical Prerequisites*, Stanford: Stanford University Press, 1987.

Langacker, R., *Grammar and Conceptualization*, Berlin: Mouton de Gruyter, 1999.

Lapata, M. and A. Lascarides, *A probabilistic account of logical metonymy*, Computational Linguistics, 2003, 29 (2): 261 – 315.

Len Talmy, *Toward a Cognitive Semantics*, Cambridge, MA: MIT Press, 2003.

Leonardo Talmy, Concept Structuring System in Language, *in The New Psychology of Language: the cognitive and functional approaches to language structure*, edited by Michael Tomosello, Lawrence Erlbaum Associated Inc., 2003: 15.

Liebert, Wolf-Andreas, Stop making sense! Metaphor and perspective in creative thinking sessions of scientists and scientific radio broadcasts In: Liebert, W. -A., Redeker, G., Waugh, L. (Eds.), *Discourse and Perspective in Cognitive Linguistics*, John Benjamins, Amsterdam, 1997.

Mandler, J., *The Foundations of Mind: Origins of Conceptual Thought*, Oxford: Oxford University Press, 2004.

Marcus Fabius Quintilian, Institutionisoratoriae liber X, Edited by William Petersoln, Oxford: Oxford University Press, 1891: 136.

Mario Bradt, Metonymies We Live Without, In Klaus Uwe Panter, Linda L. Thornburg, Antonio Barcelona, *Metonymy and Metaphor in Grammar*, Amsterdam and Philadelphia: John Benjamins Publishing Company, 2009.

Mark Johnson, *Body in the Mind*, Chicago and London, The University of Chicago Press, 1987.

Mc Arther, *Oxford Companion to English Language*, Oxford University Press, 1992.

Mc Arther, *Oxford Companion to Engloish Language*, Oxoford University Press, 2005.

Michael Kimmel, Why we mix metaphors (and mix them well): Discourse coherence, conceptual metaphor, and beyond, *Journal of Pragmatics*, Elsevier, 2010 (42): 97–115.

Michael Tomasello, *Cultural Origin of Human Cognition*, London, Harvard University Press, 1999.

Neimeier, S., Straight from the heart-metonymic and metaphorical explorations, In A. Barcelona (ed.), *Metaphor and Metonymy at the Crossroads*, Berlin/New York: Mouton de Gruyter, 2000.

Panter, K. U. & Thournburg, L. , A cognitive approach to inferencing in conversation, *Journal of Pragmatics*, 1998 (30): 755 – 769.

Panther, K.-U. and L. Thornburg, The potentiality for actuality metonymy in English and Hungarian, In Panther, K.-U. and G. Radden (eds.), *Metonymy in Language and Thought*, Amsterdam/Philadelphia: John Benjamins, 1999: 333 – 357.

Panther, K.-U. and L. Thornburg, *Metonymy and Pragmatic Inferencing*, Amsterdam and Philadelphia: John Benjamins, 2003.

Pascal van Eck, *A Compositional Semantic Structure for Multi-Agent Systems Dynamics*, Printpartners, Netherlands, 2001.

Paul Ricoeur, La Métaphore vive, Seuil, 1975.

Quinn, Naomi, The cultural basis of metaphor, In: Fernandez, J. (Ed.), *Beyond Metaphor, The Theory of Tropes in Anthropology*, Stanford UP, Stanford, 1991: 56 – 93.

Roy et al, Extending Montague Semantics for Use in Natural Language Database-query Processing, *in Advances in Artificial Intelligence*, Springer, Berlin, 2004: 567 – 570.

Ruiz de Mendoza, F. and J. Otal Campo, *Metonymy, Grammar and Communication*, Granada: Editorial Comares, 2002.

Schofer, P. and D. Rice, Metaphor, metonymy and synecdoche (revisited), *Semiotica*, 1977 (21): 121 – 149.

SEARLE, J. , *Metaphor*, ORTONY, A. Metaphor and Thought, Cambridge: Cambridge University Press, 1997: 236.

Seto, K. , Distinguishing metonymy from synecdoche, In Panther, K.-U. and G. Radden (eds.), *Metonymy in Language and Thought*,

Amsterdam/Philadelphia: John Benjamins, 1999: 91 – 120.

Shen, Yeshayahu, Balaban, Noga, Metaphorical (in) coherence in discourse, *Discourse Processes*, 1999 (28): 139 – 153.

Sinclair, J., *Corpus, concordance, collocation*, Oxford: Oxford University Press, 1991.

Taylor, J. R., *Cognitive Grammar*, Oxford/New York: Oxford University Press, 2002.

Tomasello, M., *Constructing a Language*, Cambridge, MA: Harvard University Press, 2003.

TURNER, M., *The Literary Mind*, Oxford: Oxford University Press, 1996.

Werth, P., Extended Metaphor—a Text-World Account, *Language and Literature*, 1994 (3): 79.

William Croft, *Cognitive Linguistics*, Cambridge: Cambridge University Press, 2004.

Yan Huang, *Oxford Dictionary of Pragmatics*, Oxford University Press, Oxford, 2012: 103.

Yuuya Sugita, A Holistic Approach to Compositional Semantics: A connectionist model and robots experiment, *in Advances in Neural Information Processing System* 19, MIT Press, MIT, 2007: 969 – 976.

Zoltan Kovecses, *Metaphor: A Practical Introduction*, Oxford, Oxford University Press, 2010: 42.